ŒUVRES

DE

M. DE FLORIAN.

A PARIS,

Chez **Didot l'aîné**, rue Pavée S. André;
De Bure, quai des Augustins;
Didot fils aîné = **Jombert** jeune,
rue Dauphine.

THÉÂTRE

DE
M. DE FLORIAN,

Capitaine de dragons, et Gentilhomme de S. A. S.
Mgr le Duc de Penthievre; de l'académie
de Madrid, etc.

SECONDE ÉDITION.
TOME SECOND.

C'est là tout mon talent, je ne sais s'il suffit.

LA FONTAINE, V. 1.

A PARIS,
DE L'IMPRIMERIE DE DIDOT L'AÎNÉ.
M. DCC. LXXXVI.

LA BONNE MERE,

COMÉDIE

EN UN ACTE ET EN PROSE;

Représentée sur un théâtre de société,
le 2 février 1785.

A S. A. S.

MADAME LA DUCHESSE

D'ORLÉANS.

J'avois juré cent fois d'abandonner Thalie :
  Et je vous offre en ce moment
  Une nouvelle comédie,
A vous qui n'oubliez jamais votre serment !
Mais c'est LA BONNE MERE : acceptez-en l'hommage.
  En voyant ce titre si doux,
On vous soupçonnera d'avoir part à l'ouvrage ;
Et vos enfants sur-tout croiront qu'il est de vous.

PERSONNAGES.

MATHURINE, fermiere du pays de Caux.

LUCETTE, fille de Mathurine.

ARLEQUIN, paysan du village.

DUVAL, neveu du bailli.

LE TABELLION.

UN VALET DE FERME, joué par un enfant.

La scene est au royaume d'Yvetot, dans le pays de Caux.

F. M. Queverdo Inv Del   1783   Delonqueil Sculp

» Mon Testament. » Comment! votre testament

LA BONNE MERE,

COMÉDIE.

SCENE PREMIERE.

ARLEQUIN, MATHURINE.

ARLEQUIN.

Allez, madame Mathurine, j'ai bien du chagrin.

MATHURINE.

Je m'en doute, mon pauvre ami.

ARLEQUIN.

Je ne m'y serois jamais attendu de la part de mademoiselle Lucette. Après la promesse qu'elle m'avoit faite de m'aimer toujours, après la permission que vous lui en aviez donnée, comment est-il possible qu'une fille élevée par vous, qu'une fille, qui est votre fille, soit une perfide et une changeuse!

MATHURINE.

Mais es-tu bien sûr que Lucette ne t'aime plus?

ARLEQUIN.

Ah! madame Mathurine, il y a long-temps que je fais tout ce que je peux pour ne pas le voir; mais cela me creve les yeux et le cœur. On dit que l'amour ne peut pas se cacher; croyez que quand on cesse d'en avoir, cela se cache encore bien moins.

MATHURINE.

Je serois aussi fâchée que toi du changement de ma fille; ton mariage avec elle étoit arrangé depuis si long-temps! Lorsque ton pere vint s'établir dans le pays de Caux, je fus la premiere à l'accueillir, à l'aider, à lui donner des secours pour faire valoir sa ferme. Je suis devenue veuve presque en même temps que ta mere : je l'aimois déja beaucoup, ta mere ; mais on s'aime bien mieux quand on a pleuré ensemble. Tu es son fils unique ; je n'ai d'enfant que Lucette ; ton caractere franc, ton bon cœur, m'ont toujours plu ; j'ai vu qu'ils plaisoient à ma fille : âge, fortune, inclination, tout se rapportoit entre vous deux, tout sembloit assurer votre bonheur et celui de vos meres, car tu sais bien que les meres ne sont heureuses que quand les enfants sont contents. Juge du chagrin que j'aurois de renoncer à de si douces espérances.

ARLEQUIN.

Eh bien ! je suis fâché de vous dire que vous ne risquez rien d'avoir du chagrin.

MATHURINE.

Peut-être aussi t'affliges-tu sans sujet. Les amoureux et les enfants pleurent souvent à propos de rien : tu es

bien amoureux, et tu es un peu enfant.

ARLEQUIN.

Je suis oublié de votre fille, et
voilà ce qu'il y a de pis. Depuis que
ce monsieur Duval, le neveu de notre bailli, est arrivé de Paris, avec
son catogan, son gillet à fleurs, sa
petite badine, et son air d'impor-
tance et d'impertinence, votre fille
n'est plus la même. Elle est toujours
avec monsieur Duval; elle apprend
toutes les chansons qu'il dit; elle rit
de tous les contes qu'il fait. Dimanche dernier ils ont toujours dansé
ensemble : moi, je pleurois derriere
le joueur de violon; elle ne s'en est
seulement pas apperçue. Le soir, on
a joué à colin-maillard; c'étoit moi
qui étois le colin-maillard; je l'ai resté
toute la soirée, parceque vous sentez bien qu'on n'a plus ni bras ni
jambes quand on est sûr de n'être

plus aimé. J'entendois fort bien que mademoiselle Lucette et monsieur Duval se moquoient et rioient ensemble de moi : et quand je l'ai voulu reprocher à mademoiselle Lucette ; pour toute justification, elle m'a dit que j'avois triché, puisque j'y avois vu clair. C'est-il clair, madame Mathurine ?

MATHURINE.

Tout cela peut être un enfantillage que tu auras pris trop au sérieux. Au lieu de gronder Lucette, il vaudroit mieux faire semblant de ne t'appercevoir de rien, et redoubler d'efforts pour être aimable.

ARLEQUIN.

Mon dieu ! madame Mathurine, je ne la gronde jamais : je pleure quelquefois, parceque je ne peux pas empêcher les larmes de venir ; mais sitôt que mademoiselle Lucette me regarde, je me mets tout de suite à rire, de peur que cela ne l'impatiente. Quant à être aimable, dame! je fais ce que je peux, madame Mathurine; je mets tous les jours mon habit des dimanches : vous le voyez bien. Ma mere m'a donné tous ses joyaux; je ne les tiens pas dans mon coffre, je les porte tous sur moi: je me fais le plus brave que je peux; mais je n'ai point de catogan, comme monsieur Duval; je ne sais pas siffler tous les petits airs qu'il siffle. Il a appris à Paris je ne sais combien de chansons, qu'il compose ensuite dans le moment pour mademoiselle Lucette. Je n'en sais point, moi; j'ai voulu essayer d'en composer une, j'y ai passé toute ma journée d'hier; mais je n'ai pu trouver autre chose, sinon que, J'aime Lucette plus que ma vie. Quand j'ai dit cela une fois; bon soir, j'ai dit tout ce que je savois.

MATHURINE.

Tu m'affliges beaucoup, mon ami ; car ce petit Duval ne convient point du tout à ma fille.

ARLEQUIN.

Non, sûrement.

MATHURINE.

C'est un assez mauvais sujet…

ARLEQUIN.

Je vous en réponds.

MATHURINE.

Que son séjour à Paris n'a fait que gâter encore.

ARLEQUIN.

Oh ! je le sais de très bonne part.

MATHURINE

Il est d'une jolie figure.

ARLEQUIN.

Ma foi, comme cela : je ne le trouve pas joli, moi.

MATHURINE.

Il a de l'esprit.

ARLEQUIN.

Tout le monde le dit, mais savoir
si c'est vrai.

MATHURINE.

Toutes les jeunes filles du village
courent après lui.

ARLEQUIN.

Qu'elles courent, je ne m'y oppose
pas, pourvu que Lucette se tienne
tranquille.

MATHURINE.

Duval n'est pas riche.

ARLEQUIN.

Ça n'a rien que son catogan.

MATHURINE.

Ma voisine, qui le connoît bien,
m'a dit qu'il étoit fort intéressé, et
que la dot de ma fille lui plaisoit pour
le moins autant que son visage.

ARLEQUIN.

Oh! tous ces drôles-là qui aiment
l'argent n'ont point de goût.

MATHURINE.

Écoute, il ne faut pas encore nous
désespérer. Lucette a pu être flattée
de la préférence que lui a donnée
M. Duval sur toutes les filles du village. Chez nous autres femmes, mon
ami, la vanité est presque toujours
la cause de toutes nos sottises. Lucette n'en est pas exempte : mais son
cœur est bon, j'en suis sûre; et avec
un bon cœur et une bonne mere,
une fille revient toujours. Tu sais
comment j'ai élevé Lucette. J'ai
commencé par lui persuader la vérité ; c'est que je l'aime beaucoup
plus qu'elle ne peut s'aimer elle-même. D'après cette idée, sa confiance
en moi est sans bornes; elle me dit
tout ce qu'elle pense. Je saurai bientôt quelle espece de sentiment elle a
pour Duval; et sois bien sûr que je
ne négligerai rien pour la rendre à
la raison et à toi.

ARLEQUIN.

Oh! si vous allez me mettre en compagnie avec la raison, vous ne ferez rien qui vaille. Je ne veux pas que votre fille m'aime par raison; je veux que ce soit par plaisir, comme c'étoit autrefois. Tenez, madame Mathurine, je ne suis point du tout d'avis que vous alliez prêcher mademoiselle Lucette : tous ces sermons-là me feront du tort. Vous feriez beaucoup mieux de m'enseigner la maniere d'être plus gentil que je ne suis; d'avoir de l'esprit... de petites façons.... de petites graces.... enfin toutes ces drôleries-là dont vous faites tant de cas, vous autres. J'ai déja prié ma mere de me les apprendre; mais ma mere dit qu'il ne me manque rien, et que je suis charmant.

MATHURINE.

Elle a raison, ta mere; et je t'en dirai autant.

ARLEQUIN.

Oh! c'est que vous êtes aussi ma
mere, vous. Je ne vous crois pas plus
l'une que l'autre. Pardi! oui, voilà
une belle maniere d'être charmant,
qui plaît aux meres, et ne plaît pas
aux filles! Comment! madame Mathurine, vous ne voulez pas me donner quelques bons avis?

MATHURINE.

Quels avis veux-tu que je te donne?

ARLEQUIN.

Mais on vous a fait l'amour tout
comme à une autre. Vous pouvez bien
vous souvenir de ce qui vous plaisoit
le mieux; dites-le-moi, je le ferai pour
plaire à votre fille.

MATHURINE.

Là-dessus, mon enfant, il n'y a
point de regle sûre, et ce qui plaît à
l'une ennuie l'autre. Mais j'entends
Lucette; laisse-moi seule avec elle,
je vais travailler pour toi.

ARLEQUIN.

Ah çà , n'allez pas lui dire que je vous ai parlé de rien , parcequ'elle m'en voudroit peut-être , et j'aime-rois mieux qu'elle me fît souffrir toute ma vie que de la mettre en colere un seul moment.

MATHURINE.

Sois tranquille, et va-t'en.

ARLEQUIN , regardant venir Lucette.

La voilà qui approche. Mon dieu! comme elle est jolie ! Madame Ma-thurine , c'est tout votre portrait au moins. (Il soupire.) Ce drôle de Duval me fera mourir de chagrin.

MATHURINE.

Eh non , te dis-je ; j'y mettrai ordre.

ARLEQUIN.

Ah ! je vous en prie, occupez-vous-en , quand ce ne seroit qu'à cause de ma mere , qui mourra de chagrin d'a-bord si elle ne me voit pas heureux. Adieu , madame Mathurine. (Il s'en va en soupirant.)

SCÈNE I.

MATHURINE.

Adieu, mon fils.

ARLEQUIN, revenant.

Eh! comment avez-vous dit?

MATHURINE.

Adieu, mon fils.

ARLEQUIN.

Ah! j'aime bien cet adieu-là.

(Il sort.)

SCÈNE II.

MATHURINE, LUCETTE.

LUCETTE, embrassant sa mere.

Bon jour, ma mere: Arlequin n'é-
toit-il pas avec vous?

MATHURINE.

Oui, ma fille.

LUCETTE.

Il vous a peut-être fait des plaintes
de moi.

MATHURINE.

Non, il ne m'en a fait que de lui-même. Il a peur de t'avoir déplu.

LUCETTE.

Il ne sait ce qu'il dit.

MATHURINE.

Je l'ai rassuré. Tu l'aimes toujours? n'est-il pas vrai?

LUCETTE.

Depuis quelque temps il est bien moins aimable.

MATHURINE.

Bon! tu ne me l'as pas encore dit, toi qui me dis tout.

LUCETTE.

Oh! c'est que cela seroit bien long à vous raconter.

MATHURINE.

Mais nous avons le temps.

LUCETTE,

Tenez, ma mere, c'est qu'il ne faut pas croire que M. Arlequin soit sans défauts, au moins. Depuis quel-

ques jours je lui en ai découvert beaucoup.

MATHURINE.

Dis-les moi donc, je t'en prie.

LUCETTE.

Il a le cœur excellent, c'est vrai ;
c'est le plus honnête garçon du monde, c'est encore vrai ; il aime sa mere
de toute son ame, il vous aime de
même ; il se jetteroit au feu pour moi :
je conviens de tout cela, parceque je
suis juste, moi. Mais....

MATHURINE.

Eh bien ? ses défauts....

LUCETTE, embarrassée.

Ses défauts... c'est que... je crois
que je ne l'aime plus.

MATHURINE.

Celui-là est le pire ; mais tu fais
bien de m'en avertir, parcequ'à nous
deux nous verrons bien mieux le parti
qu'il faudra prendre, s'il nous est impossible de corriger Arlequin de ce
défaut-là.

LUCETTE.

Que vous êtes bonne, ma mere!
j'avois peur que cela ne vous fâchât.

MATHURINE.

Tu me connois bien mal, Lucette!
rien ne peut me fâcher, quand c'est
ma fille qui me le dit; comme rien
ne peut me plaire, quand c'est un
autre.

LUCETTE, l'embrassant.

Ah! vous savez que je ne vous cache rien.

MATHURINE.

Revenons à ton amour : tu n'en as
donc plus pour Arlequin?

LUCETTE.

Je ne vous assurerai pas la chose,
mais voici tout bonnement ce qui
m'arrive. M. Duval est un très joli
garçon, qui a beaucoup d'esprit, qui
a vécu dans le beau monde à Paris,
où il m'a dit que toutes les dames de
la cour étoient folles de lui. Ce M.

Duval est amoureux de moi; toutes les filles du village en crevent de dépit, cela me fait plaisir; Arlequin en a du chagrin, cela me fait peine : je ne sais comment arranger tout cela. Je voudrois bien aimer toujours Arlequin, mais je voudrois aussi être toujours aimée de M. Duval.

MATHURINE.

C'est difficile, mon enfant. Mais en supposant que cela pût s'arranger, ton cœur ne te feroit-il pas quelque petit reproche?

LUCETTE.

Non, ma mere; parceque je vous le dirois, et dès-lors il n'y auroit plus de mal.

MATHURINE.

Il est certain que je le préviendrois, en te faisant voir combien tu serois injuste; car chacun de tes deux amants te donneroit son cœur tout entier, et toi, tu ne pourrois donner à chacun d'eux que la moitié du tien: ce marché seroit-il égal?

LUCETTE.

Non, assurément : je tricherois, et cela n'est pas honnête. Il faut donc que je me décide entre Arlequin et M. Duval?

MATHURINE.

Je le crois : et je te conseille, quand tu te seras décidée, de ne plus changer ; car ce seroit encore une injustice.

LUCETTE.

Comment cela?

MATHURINE.

C'est bien aisé à comprendre. Quand le seigneur du village m'a donné sa ferme, il m'a dit : Madame Mathurine, je vous donne tant de journaux à faire valoir, et vous me rendrez tant d'écus par an. Si, au moment de la moisson , il venoit me dire, Je vous rends vos écus et je re-prends mes journaux, n'est-il pas vrai qu'il agiroit en mal-honnête homme, puisque c'est la moisson qui doit me payer, non seulement de mes écus, mais de mes peines et de mon travail?

LUCETTE.

Sans doute.

MATHURINE.

Eh bien! quand tu auras choisi ton amoureux, et que tu lui auras dit, Je reçois votre amitié et je vous donne la mienne; si, au moment où il compte t'épouser, tu vas lui dire, Je vous rends votre amitié, et je veux reprendre la mienne; tu fais le même trait que le seigneur, c'est-à-dire, une très grande injustice.

LUCETTE.

Vous avez raison, ma mere. Ah! mon dieu! comme il est difficile d'être juste!

MATHURINE.

Pas tant que tu le crois.

LUCETTE.

Mais, ma mere, vous me faites penser à une chose : j'avois déja donné mon amitié à Arlequin.

MATHURINE.

Je le sais bien : apparemment que tu as de bonnes raisons pour la reprendre.

LUCETTE.

Non, je n'en ai point de raisons, et voilà ce qui me fâche.

MATHURINE.

Consulte bien ton cœur.

LUCETTE.

Mon cœur est pour Arlequin, ce n'est pas là l'embarras ; mais c'est que si je congédie M. Duval, il deviendra l'amoureux de quelque fille du village, qui croira me l'avoir enlevé, et à cause de cela être plus jolie que moi : cela n'est point agréable, ma mere.

MATHURINE.

N'as-tu que cette raison?

LUCETTE.

Oh! j'en ai encore une autre; c'est
que j'ai tort avec Arlequin : il fau-
droit en convenir; et je ne peux pas
souffrir cela. Cependant...... Mais
j'entends quelqu'un, c'est M. Duval
qui m'apporte un bouquet.

S C E N E I I I.

MATHURINE, DUVAL, LUCETTE.

DUVAL, d'un ton très fat.

OUI, mademoiselle. (A Mathurine.)
Madame, j'ai l'honneur de vous pré-
senter mon respect. (A Lucette.) Depuis que vous m'avez permis de vous
offrir des fleurs, elles viennent d'elles-
mêmes dans le jardin de mon on-
cle.

LUCETTE.

Vous êtes bien honnête, monsieur Duval.

MATHURINE, à part.

Ces fleurs-là vont détruire tout mon ouvrage.

DUVAL.

J'espere que madame Mathurine me permettra bien de faire deux parts de mon bouquet. Je mettrai d'un côté les roses pour la mere, et de l'autre les boutons pour la fille : chacune aura ce qui lui ressemble. Quoiqu'en vérité, quand vous êtes auprès l'une de l'autre, je vous prends toujours pour les deux sœurs, et j'ai de la peine à distinguer l'aînée.

LUCETTE.

Ma mere, entendez-vous ?

MATHURINE.

Tenez, monsieur Duval, vous croyez me faire un compliment, et vous vous trompez. Je serois bien fâchée d'être sa sœur, car je ne serois

plus sa mere ; et je ne connois pas
dans le monde un nom plus doux ,
ni un plus bel état.

DUVAL.

En ce cas, les roses vous appartiennent. (Il chante à Mathurine.)

En approchant de vous ces fleurs ,
Vous allez ternir leurs couleurs ,
Bien moins brillantes que les vôtres.

(A Lucette.)

Ces tendres boutons s'ouvriront,
Quand sur votre sein ils seront
Accompagnés de quelques autres.

LUCETTE.

Eh bien , ma mere , a-t-il de l'esprit?

DUVAL.

A propos , madame Mathurine ,
mon oncle m'a chargé de vous dire
qu'il avoit trouvé , dans de vieux papiers , un titre par lequel vous avez
des droits certains sur les biens d'un
nommé Arlequin , un paysan de ce

village, une espece d'imbécille, à ce qu'on dit. Mon oncle vous offre de commencer le procès, et vous répond de le gagner.

MATHURINE.

Monsieur votre oncle a bien de la bonté.

DUVAL.

Cela vaut la peine d'y penser. (A Lucette.) Vous ne savez pas ce qui m'est arrivé ce matin?

LUCETTE.

Non.

DUVAL.

J'ai reçu une lettre fort tendre de la fille de ce gros paysan... comment l'appellez-vous donc?... qui a l'honneur de vous appartenir.

LUCETTE.

Qui? mon oncle Thomas?

DUVAL.

Justement. Sa fille, qui n'est pas trop mal, en vérité, m'écrit qu'elle m'adore, que mon amour pour vous la fait mourir de chagrin, qu'elle est fille unique et fort riche, qu'elle s'estimera la plus heureuse des femmes si je veux bien. . . . (Il s'apperçoit que Mathurine l'écoute, et il s'interrompt pour lui dire :) Mon oncle m'a recommandé de vous dire, au sujet de ce titre, que son frere, procureur à Paris, vous servira de tout son cœur. Et c'est un homme sur lequel on peut compter, un homme du plus grand mérite ; il a ruiné plus de vingt familles avec bien moins de moyens que ce titre-là n'en fournit.

MATHURINE.

Oh ! je le crois.

DUVAL.

Je vous conseille de vous en occuper. (à Lucette.) J'ai répondu que mon cœur étoit pris ; que je la plaignois de toute mon ame, mais que j'avois déja l'habitude de vous faire des sacri-

3.

fices , puisqu'enfin vous seule m'em-
pêchiez de retourner à Paris , où cinq
ou six femmes de la premiere volée
sont malades de mon absence. . . . .
(à Mathurine.) Que faudra-t-il dire à mon
oncle ?

MATHURINE.

Vous le remercierez de ma part,
et vous lui direz qu'avant toutes choses je serois bien aise de voir le titre
dont il s'agit. Si vous voulez me l'apporter tantôt , nous en raisonnerons
ensemble.

DUVAL.

Écoutez, c'est aujourd'hui dimanche : tout le monde est déja assemblé
sur la place pour danser ; je vais y
mener mademoiselle Lucette , et de
là je cours chercher le titre , que je
vous apporte dans l'instant.

LUCETTE.

Mais vous reviendrez danser après?

DUVAL, à demi voix.

N'en doutez pas. (haut.) Mademoiselle, il faut que les affaires marchent
avant les plaisirs : mais on peut tout
arranger, en s'y prenant bien.

MATHURINE.

Je vais vous attendre ici.

LUCETTE, à sa mere.

Comme il est raisonnable pour son
âge, et comme il est poli !

DUVAL.

Eh bien, venez-vous sur la place ?
je suis sûr que tout le monde vous
desire. (Il chante.)

Allons danser sous ces ormeaux,
Venez, venez, belle Lucette ;
Allons danser sous ces ormeaux,
J'entends déja les chalumeaux.

A tous les jeux que l'on apprête
Vous seule donnez des appas ;
Si l'on ne vous y voyoit pas,
Dimanche ne seroit point fête.

LUCETTE, à Mathurine.

Comme il est aimable! Oh! ma mere, me voilà décidée; et vous n'avez qu'à dire à l'autre de prendre son parti. (Lucette donne le bras à Duval, et ils s'en vont en chantant :)

Allons danser sous ces ormeaux,
Venez, venez, belle Lucette;
Allons danser sous ces ormeaux,
J'entends déja les chalumeaux.

(Ils sortent.)

SCENE IV.

MATHURINE, seule.

Tout est perdu, ma fille aime Duval; et ce qui la séduit en lui me prouve clairement qu'elle sera malheureuse. Si je voulois me servir un moment de mon autorité de mere, je suis bien sûre que Lucette obéiroit. Obéir! ce mot-là tue tout. D'ailleurs c'est un mauvais moyen. En m'opposant à son amour, je ne le rendrai que plus fort ; je ferai haïr Arlequin en ordonnant qu'il soit aimé. Ah ! Lucette, Lucette, je ne veux que te rendre heureuse, et pour y parvenir, il faut que je ruse avec toi. Hélas ! que nous payons cher le bonheur d'avoir des enfants ! A peine sont-ils nés, que mille maux les menacent ; ils n'en souffrent que lorsque ces maux sont venus, leur mere en souffre même avant qu'ils viennent. Dans la jeunesse, des dangers plus grands ; passionnés pour tout ce qui peut leur nuire, travaillant avec ardeur à devenir malheureux, et ne se souvenant de leur mere que quand ils ont à l'affliger. Je sais tout cela, je me le répete souvent ; et un sourire de ma fille me le fait toujours oublier. Allons, prenons courage : puisque nous les aimons tant, il faut ce

pendant bien que le plaisir passe la
peine. Mais voici ce pauvre Arlequin;
il me fait pitié.

SCENE V.

MATHURINE, ARLEQUIN.

ARLEQUIN, *pleurant.*

Ah! mon dieu! mon dieu! que je
suis à plaindre!

MATHURINE.

Qu'as-tu donc, mon ami? tu pleures.

ARLEQUIN.

Sans doute, je pleure; et je n'en
ai que trop sujet.

MATHURINE.

Que t'est-il arrivé?

ARLEQUIN.

Vous savez bien, ce sansonnet que
j'élevois depuis plus d'un an, et qui

disoit si bien : J'aime Lucette, J'aime
Lucette....

MATHURINE.

Eh bien ?

ARLEQUIN.

Eh bien! comme mademoiselle Lucette a l'air de ne plus m'aimer, j'ai
cru que c'étoit le moment de lui donner le sansonnet, afin qu'au moins
elle se souvînt de moi , quand le sansonnet lui diroit : J'aime Lucette. En
conséquence, je l'ai tiré de sa cage,
je lui ai attaché à la patte le plus beau
ruban de ma mere , et j'ai été pour le
porter à mademoiselle votre fille....
Ah! mon dieu! mon dieu! c'est bien
à présent qu'il n'y a plus d'espérance.

(Il pleure.)

MATHURINE.

Eh bien , as-tu vu ma fille ?

ARLEQUIN.

Sûrement, je l'ai vue, je l'ai ren-
contrée avec M. Duval, qui s'en al-

loit à la danse. Pardi! ils chantoient
tous deux comme deux rossignols;
cela m'a fait un peu de peine: mais
cependant je n'ai pas dit autre chose
que d'ôter mon chapeau, et j'ai pré-
senté le sansonnet à mademoiselle
Lucette. Ah! c'est là, c'est là que j'ai
bien vu que j'étois perdu.

MATHURINE.

Explique-toi donc, car tu m'impa-
tientes. Que t'a dit ma fille?

ARLEQUIN.

Ce qu'elle m'a dit? je le sais bien
ce qu'elle m'a dit, et je m'en souvien-
drai long-temps.

MATHURINE.

Mais si tu veux que je le sache, il
faut aussi me le dire.

ARLEQUIN.

Elle m'a dit qu'elle n'aimoit point
tous ces animaux-là qui disoient toujours la même chose. Ainsi, a-t-elle
ajouté, vous et votre sansonnet pou-

vez vous aller promener , je vous donne la clef des champs. En disant ces paroles , elle a lâché le ruban , et le sansonnet s'est envolé , en répétant : J'aime Lucette, J'aime Lucette.

MATHURINE.

Ce trait-là n'est pas de ma fille. Et qu'as-tu fait ?

ARLEQUIN.

Moi , je n'ai pas pu m'envoler ; je suis resté pétrifié : et malgré cela , mon cœur disoit toujours comme le sansonnet, J'aime Lucette.

MATHURINE.

C'est ce malheureux Duval qui a sûrement engagé ma fille à une si mauvaise action.

ARLEQUIN.

Oh ! madame Mathurine , tout est fini : ce dernier trait me fait voir clair ; votre fille ne m'aime plus du tout. Il faut que je prenne mon parti , et il est pris.

2.   4

MATHURINE.

Je n'ose te donner beaucoup d'es‑
pérance, il ne m'en reste guere à moi‑
même. Cependant...

ARLEQUIN.

Oh! après l'histoire du sansonnet,
il n'y a plus de *cependant :* mon parti
est pris, madame Mathurine, mon
parti est pris. Dès que le sansonnet
a vu qu'on ne l'aimoit plus, il s'en
est allé tout de suite : le sansonnet a
eu raison.

MATHURINE.

Écoute-moi : j'imagine un moyen
dont l'exécution est difficile, je ris‑
que même beaucoup à l'entreprendre;
mais s'il me réussit, avant la fin du
jour nous serons tous heureux.

ARLEQUIN.

Excepté moi.

MATHURINE.

Le serions-nous sans toi, nigaud?
Mais, n'est-ce pas Duval qui vient
là-bas ?

ARLEQUIN.

Eh ! mon dieu oui ; cette figure-là me poursuit toujours.

MATHURINE.

Laisse-nous seuls ; je vais lui tendre un piege où j'espere qu'il sera pris. Va m'attendre chez ta mere.

ARLEQUIN.

Oh ! je n'attends plus, je suis décidé. Mais je vous reverrai, madame Mathurine, je vous reverrai, car je vous aime beaucoup, et je viendrai vous dire adieu. Adieu, madame Mathurine; je reviendrai vous dire adieu.

(Il sort.)

SCENE VI.

MATHURINE, seule.

Voici Duval; il doit être bien difficile de le tromper : puisse ma tendresse pour ma fille me donner tout l'esprit dont j'ai besoin !

SCENE VII.

MATHURINE, DUVAL.

MATHURINE.

Ah ! vous voilà, M. Duval ! je ne vous attendois plus.

DUVAL.

J'avois à vous remettre quelque chose qui peut vous être utile ; vous m'avez promis de causer avec moi : voilà deux motifs bien puissants pour me rappeller près de vous.

MATHURINE.

Oui : mais vous étiez avec ma fille,
et je m'étonne que vous vous soyez
souvenu de moi.

DUVAL.

Il est certain qu'en regardant mademoiselle Lucette, il est permis de
tout oublier : elle vous ressemble
beaucoup.

MATHURINE.

Ah! monsieur Duval, vous lui vo-
lez cette douceur-là. Pour ne plus
vous obliger à mentir, parlons d'autre chose. Où est ce titre avec lequel
je pourrois réclamer les biens de la
famille d'Arlequin?

DUVAL.

Le voici, madame. (Elle veut le prendre, Duval s'y oppose.) Mais je ne peux
vous le laisser qu'autant que vous en
ferez usage, et que mon oncle sera
chargé du procès. Telle est sa volonté
que je n'ai pu faire changer. Si, par

exemple, vous veniez à marier mademoiselle votre fille , et que vous fussiez bien aise d'augmenter sa dot en lui abandonnant ce titre , alors mon oncle se feroit un plaisir de vous le céder.

MATHURINE.

On ne peut pas être plus obligeant. Mais , monsieur Duval , ce titre est personnel à moi ; c'est à moi seule qu'il appartient : il ne pourroit servir à ma fille que dans le cas où je la ferois mon héritiere en la mariant.

DUVAL.

Cela va sans dire : mais personne ne doute de vos intentions à ce sujet. On vous connoît trop bien , madame Mathurine , pour n'être pas sûr que vous donnerez tout à mademoiselle Lucette , que vous lui laisserez choisir l'époux qui lui plaira , et qu'enfin vous n'avez amassé vos richesses que pour avoir le plaisir de lui en faire une dot.

MATHURINE.

Il est certain que, sans moi, ma fille n'auroit pas grand'chose. Son pere étoit pauvre quand je l'épousai, je fis sa fortune. Plaisir bien doux, monsieur Duval, plaisir que je n'ai éprouvé qu'une fois, et qui est le plus grand, sans doute, que la richesse puisse donner!

DUVAL.

Vous retrouverez ce plaisir, madame Mathurine, vous le retrouverez quand vous direz à l'époux qu'aura choisi mademoiselle Lucette : Mon ami, tu es aimable, et ma fille t'aime; c'est son métier : mais tu es pauvre, et je te donne toute ma fortune; voilà le mien. En prononçant ces paroles, vous remettrez dans ses mains vos contrats, vos baux, vos billets, votre argent; vous jouirez de sa surprise,

de sa reconnoissance. Ah ! quel moment , madame Mathurine , quelle
satisfaction pour monsieur votre gendre et pour vous ! Tenez , moi, je suis
né très sensible , et mon cœur est ému
à cette seule idée. Il me semble que
je vois tout cela , et je sens la joie...
les transports... le plaisir... Oh ! c'est
un beau moment, madame Mathu-
rine !

MATHURINE.

J'en conviens. Mais je n'ai pas
trente-quatre ans ; j'ai un cœur tout
comme une autre : il est possible que
je trouve quelqu'un qui me plaise ;
il est encore possible que je plaise à
quelqu'un. N'est - il pas vrai, monsieur Duval ? on a vu des choses plus
extraordinaires.

DUVAL.

Pour cela , madame , ce ne seroit
point du tout singulier.

MATHURINE.

Eh bien, si après avoir mis d'un
côté le bien qui revient à ma fille, je
mettois d'un autre le reste de ma fortune qui est quatre fois plus considérable, et, par là-dessus, le titre que
vous tenez ; et que je vinsse avec cette
dot trouver un aimable garçon, comme vous, je suppose ; il ne faut pas que
cela vous fâche, ce n'est qu'une supposition ; et que je vous dise, Mon
cher ami, vous me plaisez, c'est votre métier ; je vous épouse, c'est le
mien ; je vous donne tout ce que j'ai,
c'est mon plaisir ; et qu'en prononçant ces mots, je vous misse en pos-
session de tous mes biens, de tout
mon argent, de tous mes contrats :
c'est une supposition, comme vous
entendez bien ; mais vous convien-
drez que dans cette supposition-là je
jouirois bien mieux de la surprise,
de la joie, de la reconnoissance de

celui que j'enrichirois. Ah ! quel moment, monsieur Duval, quelle satisfaction pour mon époux et pour moi! Tenez, je ne le cache pas, je suis encore sensible, et mon cœur tressaille un peu à cette idée ; il me semble que j'y suis… et je sens… en vérité… Oh ! c'est un joli moment, monsieur Duval !

DUVAL.

Oui, oui, madame Mathurine ; et plus joli encore pour celui qui le passeroit avec vous, que pour vous-même.

MATHURINE.

Allons donc, vous vous moquez. Parlons de quelqu'un qui vaut bien mieux que moi, de ma fille : car, si je m'occupe jamais de la supposition que j'ai faite, ce ne sera qu'après l'avoir établie. Tous mes arrangements sont pris là-dessus : l'argent qui lui revient est prêt ; j'y ajouterai même

quelque chose , parcequ'une mere
est toujours obligée de faire plus que
son devoir : on me permettra de disposer ensuite de ce qui me reste en
faveur de la personne que mon cœur
aimera le plus.

DUVAL.

Vous raisonnez si bien , madame
Mathurine , que chacune de vos paroles pénetre jusqu'à mon ame. Mais
votre grand malheur, celui dont je
ne puis me consoler, c'est que vous
êtes trop riche. Comment voulez-
vous qu'un amant un peu délicat ose
vous faire sa cour?

MATHURINE.

Oh ! vous sentez bien que je n'irai
pas raconter ainsi toutes mes affaires
à un homme qui pourroit m'aimer.
Je vous ai tout dit , à vous , parceque
l'on ne peut se flatter de rien avec un
homme aussi couru , avec l'amant
fidele de mademoiselle Lucette. Al-

lons , allons , changeons de propos ,
car cela m'impatiente. Vous venez ici
me demander ma fille, me dire qu'elle
vous aime , et que vous l'adorez. Eh
bien , tant mieux pour vous. Je vous
la donne, sa dot est prête, le mariage
se fera quand vous voudrez.

DUVAL.

Mais , madame Mathurine , qui
vous dit un mot de cela? Voulez-vous
me faire la grace de m'entendre un
moment, et de me croire?

MATHURINE.

Vous croire, c'est bien fort. Mais,
voyons , dépêchez-vous.

DUVAL.

Il y a trois mois que je suis dans ce
village, et que je pourrois être à Paris,
où je jouis , sans vanité , d'une exis-
tence fort agréable. Il faut donc qu'un
puissant motif me retienne ici ; et ce
motif , que peut-il être , sinon l'a-
mour?

MATHURINE.

Et je le sais, monsieur, je le sais;
ce n'est pas la peine de me le répéter.

DUVAL.

Non, vous ne le savez pas; je n'ai
jamais osé vous le dire: mais daignez
l'apprendre aujourd'hui puisque vous
n'avez pas voulu le deviner. En arri-
vant dans ce village, je vis une veuve
de trente ans à peu près, plus jolie,
plus fraîche que toutes les filles de
quinze: un visage rond, un nez re-
troussé, des yeux vifs et spirituels,
trente-deux dents bien blanches et
bien rangées, l'air de la franchise et
de la gaieté; avec tous ces charmes,
un caractere d'or, bon, vrai, sensible, passionné pour faire du bien.
Vous jugez que cet être-là me tourna
la tête: mais comment oser le lui
dire, moi, jeune étourdi, sans figure, sans esprit, sans aucun de ces
agréments qui compensent le défaut

de fortune ? Je résolus donc de ne jamais parler à cette veuve de l'amour
qu'elle m'avoit inspiré. Peu de jours
après je rencontre une jeune fille qui
lui ressembloit à s'y méprendre; cette
seule raison me la fait préférer à toutes les beautés du village ; je la distingue, je lui marque des attentions ;
elle m'accueille, elle accepte mon
hommage ; et moi, n'osant porter mes
vœux jusqu'à l'original, je me trouve
trop heureux de les adresser au portrait. Voilà l'histoire de mon amour
pour mademoiselle votre fille.

MATHURINE.

Monsieur Duval, il est impossible
de se fâcher d'une pareille déclara-
tion, sur-tout quand on n'a pu s'empêcher de laisser voir qu'on la desi-
roit ; mais enfin c'est le portrait que
vous voulez, c'est le portrait qu'il
vous faut, et vous ne seriez pas homme à le sacrifier à l'original.

DUVAL.

Ah ! dites un mot, un seul mot,
et vous verrez...

MATHURINE.

Vous abusez de vos avantages.
Mais écoutez, monsieur Duval :
vous m'avez raconté l'histoire de vos
amours, il faut que je vous raconte
la mienne. Quand mon mari vint à
m'aimer, il faisoit la cour à une petite paysanne du village, qui apparemment me ressembloit aussi. Je lui
fis entendre que je n'aimois point ces
distractions ; et j'exigeai qu'il écrivît
à mon portrait une lettre bien claire,
par laquelle il lui annonçoit qu'il ne
l'avoit jamais aimée, et que tout son
cœur étoit à moi.

DUVAL.

Quel fut le prix de ce sacrifice ?

MATHURINE.

Ma main.

DUVAL.

Vous lui signâtes, sans doute, en même temps qu'il écrivit la lettre, une promesse de l'épouser le lendemain?

MATHURINE.

Le jour même.

DUVAL.

Avez-vous une plume et de l'encre chez vous?

MATHURINE.

Tout ce qu'il faut.

DUVAL.

Donnez - vous la peine de passer dans votre maison; nous terminerons notre conversation par écrit.

MATHURINE.

De tout mon cœur, monsieur Duval : eh! que ne parlez-vous? Souvenez-vous cependant qu'avant tout il faut que ma fille soit mariée, et que le titre soit dans mes mains.

DUVAL.

Avant tout il faut vous plaire et
vous adorer à jamais.

(Ils entrent dans la maison.)

SCENE VIII.

LUCETTE, seule.

DUVAL est avec ma mere ; sans
doute, il lui demande ma main. Je
ne sais si j'en serai bien aise. Duval
est aimable, mais son cœur ne vaut
pas son esprit : il a trop ri quand j'ai
lâché le sansonnet d'Arlequin. Ah !
ce que j'ai fait là n'étoit pas bien. Je
vois encore ce pauvre malheureux,
interdit, les larmes aux yeux, me regardant sans se plaindre : ce souvenir
fait couler les miennes. Ah ! qu'on
est malheureux, quand on a fait quelque chose de mal ! on y pense toute
la journée..... C'est ce Duval qui l'a

exigé. Quand j'aimois Arlequin, il n'exigeoit jamais rien qui pût me donner du chagrin... Je ne sais que faire ; je suis bien à plaindre. Il faut attendre ma mere, je lui dirai tout ; cela me soulagera.

SCENE IX.

LUCETTE; ARLEQUIN, en habit de dragon, avec le casque et le sabre.

LUCETTE.

MAIS que vois-je ? c'est Arlequin... Oui, c'est lui... Je ne me trompe pas. Et comment....

ARLEQUIN, se retirant.

Je vous demande pardon, mademoiselle, c'est madame votre mere que je cherchois.

LUCETTE.

Arlequin, arrêtez, répondez-moi.

Que veut dire cet habit? que vous
est-il arrivé? Je tremble de frayeur.

ARLEQUIN.

Ne tremblez pas, mademoiselle,
ne tremblez pas, je n'ai pas le projet
de tuer M. Duval. Je ne veux la mort
de personne que la mienne.

LUCETTE.

Mais expliquez-vous donc, et tirez-
moi d'inquiétude. Pourquoi cet uni-
forme? vous êtes vous engagé?

ARLEQUIN.

Engagé! je l'étois avec vous; c'é-
toit tout mon bonheur, c'étoit toute
ma joie... Vous m'avez donné mon
congé, vous m'avez cassé avec igno-
minie: j'ai été chercher un autre capitaine, bien moins aimable, mais
un peu plus sûr.

LUCETTE.

Est-il possible que vous ayez fait
cette folie? est-il possible...?

ARLEQUIN.

Mademoiselle, j'ai fait quelquefois des folies plus dangereuses ; car enfin je n'ai engagé que ma vie à mon capitaine : ce qui peut m'arriver de pis, c'est de la perdre ; et une fois mort, on ne souffre plus. Mais quand on engage son cœur, quand on le donne, quand on le livre tout entier à celle que l'on chérit plus que soi-même ; et qu'après l'avoir accepté, elle le dédaigne, le déchire, le pique de cent coups d'épingle dans les endroits qu'elle connoît les plus sensibles, mademoiselle, cela fait plus de mal que de mourir, et cela fait mal bien plus long-temps.

LUCETTE.

Et que dira votre mere ? Vous ne songez pas qu'en m'abandonnant vous l'abandonnez aussi ?

ARLEQUIN.

Ce n'est pas moi qui vous abandonne, puisque je vous emporte dans mon cœur, et que vous m'avez dit : Va-t'en. Quant à ma mere, je n'ai point d'excuse, je le sais, et j'en pleure. Mais madame Mathurine la consolera, prendra soin d'elle pendant mon absence. Je venois l'en prier, je venois lui demander de remplir ma place auprès de ma mere. Ce n'étoit pas vous que je cherchois, mademoiselle ; je voulois partir sans vous voir.

LUCETTE.

Partir ! Quoi ! vous voulez partir dès aujourd'hui ?

ARLEQUIN.

Tout à l'heure. Il le faut bien : le capitaine m'a dit que le général étoit à la veille de donner bataille, et qu'il n'attendoit plus que moi pour cela. Vous jugez bien que je ne peux pas faire attendre cet honnête homme.

LUCETTE.

Mais, Arlequin, l'on vous a trompé. Soyez sûr...

ARLEQUIN.

Oh! je le sais bien que l'on m'a trompé, mais ce n'est pas le capitaine. Mademoiselle, ne me retenez pas plus long-temps : je vous le répete encore, ce n'est pas vous que je cherchois ; c'est madame Mathurine, votre mere, à qui je veux remettre ce papier. Est-elle chez elle?

LUCETTE.

Elle est en affaire. (Arlequin s'en va.) Vous me quittez donc?

ARLEQUIN s'arrête.

Je tâche de m'en aller, mais je ne vous quitte pas.

LUCETTE.

Arlequin....

ARLEQUIN.

Eh bien? (Il revient.)

LUCETTE.

Que je suis malheureuse!

ARLEQUIN.

Je n'aurois jamais cru que c'eût été à moi de vous consoler aujourd'hui.

LUCETTE.

N'en parlons plus, puisque votre parti est pris... (Elle pleure.) Dites-moi seulement ce que c'est que ce papier que vous voulez donner à ma mere.

ARLEQUIN, refusant de le montrer.

Oh! ce n'est rien, mademoiselle, ce n'est rien.

LUCETTE.

Comment! je ne peux pas le voir?

ARLEQUIN.

Vous le verrez quelque jour : ce n'est pas mon intention que vous le voyiez dans ce moment.

LUCETTE.

Je vous en prie.

ARLEQUIN.

Vous me priez! vous me priez de quelque chose! vous! voici donc encore un petit moment de bonheur.

LUCETTE.

Laissez-moi lire. (Elle prend le papier, et lit:) « MON TESTAMENT ». Comment! votre testament?

ARLEQUIN.

Sans doute: puisque l'on m'attend pour cette bataille, il faut bien mettre un peu d'ordre dans ses affaires.

LUCETTE lit.

Comme ainsi soit que dès que l'on n'est plus aimé dans ce monde, on n'a rien de mieux à faire que d'en sortir, j'ai pris mon parti de profiter des bontés d'un capitaine qui veut bien m'envoyer à la bataille. J'espere qu'aussitôt que j'y serai arrivé, mon affaire sera finie le plus promptement possible; et c'est alors que je prie madame Mathurine, mere de made-

moiselle Lucette , de vouloir bien
être mon exécutrice testamentaire.

D'abord , je demande pardon à ma
mere de m'être fait tuer sans sa permission : mais comme c'est le premier chagrin que je lui ai donné ,
j'espere qu'elle me le pardonnera
pour cette fois ; l'assurant bien , du
fond de mon ame, que jamais il ne
m'arrivera plus de rien faire qui lui
déplaise , et que je ne regrette de ce
monde que le bonheur et le plaisir
de l'aimer.

Je donne et legue à mademoiselle
Lucette tout le bien paternel dont
je peux disposer sans mettre ma mere
mal à son aise ; lui pardonnant ma
mort et tout ce qu'elle m'a fait souffrir , et desirant de toute mon ame
qu'elle soit heureuse avec celui qu'elle
m'a préféré. Je mets pourtant la con-
dition à ce legs, que le premier garçon de mademoiselle Lucette sera

nommé Arlequin, et qu'elle pensera quelquefois à moi en aimant et en caressant Arlequin, ce qui m'empêchera de m'ennuyer dans l'autre monde.

Je donne encore et legue une petite pension alimentaire au petit chien Aza, que j'ai donné à mademoiselle Lucette; sentant fort bien que ce petit chien ne sera plus aimé de sa maîtresse, quand elle aura épousé mon rival, et ne voulant pas que ce bon petit chien, qui a été mon camarade, meure de faim pour avoir déplu comme moi.

Voilà à quoi se réduisent toutes mes volontés: c'est la premiere et la derniere fois que j'en ai d'autres que celles de mademoiselle Lucette.

Signé ARLEQUIN.

(Arlequin veut reprendre le testament, Lucette le retient.)

Arlequin, gardez votre bien: mais

laissez-moi cet écrit : il ne me quittera jamais ; je le lirai toute ma vie, du moins jusqu'à ce que mes larmes l'aient effacé.

ARLEQUIN.

Vos larmes ! Quoi ! vous pleurez ! Et de quoi pleurez-vous ? Que vous est-il arrivé, mademoiselle Lucette ? Ah ! parlez, contez-moi vos peines : j'ai bien cédé votre bonheur à M. Duval, mais je ne veux céder à personne vos chagrins.

LUCETTE.

Mon ami...

ARLEQUIN.

Oui, je le suis votre ami, je le suis toujours, je le serai tant que je vivrai. Vous n'avez plus voulu être mon amie, vous m'avez ôté votre amitié ; c'est un bien grand malheur pour moi : mais ce qui l'a un peu soulagé, c'est que je n'ai jamais pu vous ôter la mienne. Répondez-moi donc, qu'avez-vous? qu'est-ce qui vous chagrine?

LUCETTE.

Le repentir, la honte d'avoir pu vous méconnoître un moment, d'avoir été ingrate envers vous. Ma vanité, mon âge, m'ont égarée : mon cœur n'a pas été coupable, mon cœur vous a toujours aimé, Arlequin; soyez-en bien sûr : et cet amour si vrai...

ARLEQUIN.

Que dites-vous donc, Lucette? Répétez, répétez, je vous en prie. Je n'ai sûrement pas bien entendu. Vous m'aimeriez! vous m'aimeriez encore! Hélas! mon dieu! votre changement a pensé me faire mourir de douleur, votre retour me feroit mourir de joie. Je n'ai pas besoin d'aller à la bataille, vous me tuerez quand vous voudrez.

LUCETTE.

Oui, je t'aime, je t'ai toujours

aimé, je pleurerai toute ma vie le
malheur de t'avoir perdu ; je te le
dis, je te le répete, je trouve du plaisir à te l'avouer dans l'instant où je
n'espere plus de pardon, où je ne me
flatte plus...

ARLEQUIN.

De pardon ! ma bonne amie, qu'est-
ce que c'est que ce mot-là ? Quoi !
j'allois mourir, tu m'accordes la vie,
et tu me parles de te pardonner ! Mais
c'est à moi de te remercier, puisque
c'est moi qui reçois ma grace.

LUCETTE.

Quoi ! tu daignerois...!

ARLEQUIN.

Oui, je daignerai être heureux.
Car, il ne faut pas t'abuser, toute
perfide, toute infidele que tu étois,
je n'ai jamais pu te haïr. Tu l'aurois
été cent fois davantage, que je t'aurois toujours chérie ; il dépendoit de
toi, mon amie, de m'ôter mon bon-

heur, mais non pas mon amour.

LUCETTE lui tend la main.

Faisons donc la paix, veux-tu?

ARLEQUIN.

De toute mon ame. Mais vous ne danserez plus avec M. Duval?

LUCETTE.

Je ne lui parlerai de ma vie. Mais tu n'iras point à la guerre?

ARLEQUIN.

Ah! dame! c'est difficile à arranger à cause de ce général qui m'attend. Mais écoute, je lui écrirai qu'il donne toujours sa bataille, parceque j'ai eu des affaires, et que je me suis arrangé avec toi; et s'il lui falloit absolument quelqu'un, nous pourrions lui envoyer à ma place M. Duval. Ma mere arrangera tout cela avec le capitaine, qui est un bon homme.

LUCETTE.

Et le sansonnet?

ARLEQUIN.

Il est revenu chez nous. Ce drôle-là s'est douté que nous nous raccom-moderions.

LUCETTE.

Puisque tu me pardonnes, je suis heureuse, et je te promets bien que M. Duval ne te donnera jamais de chagrin. Je veux lui déclarer devant toi...

———

SCENE X.

ARLEQUIN, LUCETTE, UN VALET DE FERME.

———

LE VALET, une lettre à la main.

MADEMOISELLE, voici un billet que M. Duval m'a chargé de vous remettre.

LUCETTE.

Je n'en ai que faire ; vous pouvez le lui reporter.

LE VALET.

Oh ! je m'en garderai bien , M. Duval me gronderoit ; il m'a dit de vous le donner , le voilà. Il faut que je m'accoutume à obéir à M. Duval : à présent qu'il va être le gendre de madame Mathurine , il nous feroit enrager tout à son aise.

ARLEQUIN.

Que parles-tu de gendre de madame Mathurine ?

LE VALET.

Je dis ce qui est vrai , que M. Duval va épouser mademoiselle Lucette.

ARLEQUIN.

M. Duval va épouser Lucette ! qui t'a dit cela ?

LE VALET.

Je le sais bien peut-être , puisque j'ai ordre d'aller chercher M. le tabellion pour le contrat de mariage , et d'amener en même temps les ménétriers. Madame Mathurine fait la

une sottise : si elle m'avoit consulté,
je lui aurois dit de vous donner plutôt sa fille ; car en vérité, quoique
vous soyez un petit peu innocent, je
vous aimerois cent fois mieux pour
maître que ce petit freluquet. Mais je
perds mon temps à babiller, vous avez
votre lettre, bon soir. Dieu vous main-
tienne en joie !

(Il s'en va.)

SCENE XI.

ARLEQUIN, LUCETTE.

ARLEQUIN.

COMMENT! vous me promettez de
ne plus danser avec M. Duval, et
vous allez vous marier avec lui !

LUCETTE.

Mon ami, je te réponds, je te jure
que je l'ignore ; que ma mere ne m'en

a pas parlé, et que rien au monde ne pourra m'y faire consentir.

ARLEQUIN.

Je vous crois, Lucette, je vous croirai toujours: voilà pourquoi ce seroit bien mal à vous de me tromper. Mais lisez votre lettre; que je ne vous gêne pas.

LUCETTE.

Non, mon ami, c'est à toi de la lire, c'est à toi d'en faire tout ce que tu voudras.

ARLEQUIN.

Point du tout; elle n'est pas pour moi....

LUCETTE.

Elle est pour toi, puisqu'elle me regarde. Je ne puis ni ne veux avoir de secret pour le maître de mon cœur: prends cette lettre, lis, et ne te fâche pas des expressions de tendresse qu'elle contient. Duval croit m'épouser, il m'adore, il parle sûrement de

son bonheur avec toute la vivacité
de son amour ; pardonne-le lui, mon
ami, et sois bien sûr que plus cette
lettre est tendre, plus j'ai de plaisir
à te la sacrifier.

ARLEQUIN.

Allons, voyons donc, puisque vous
le voulez... Cela me fait pourtant un
peu de peine ; je n'aime pas à entendre dire par un autre ce que je voudrois penser et dire tout seul. Mais
allons, il faut s'y résoudre, quand ce
ne seroit que pour m'instruire, et
voir un peu avec quelles douceurs
M. Duval tourne si bien la tête aux
jeunes filles. (Il ouvre et lit :)

MADEMOISELLE,

J'ai été poli et galant avec vous
comme je le suis avec toutes les femmes, et vous avez pris cette galante-
rie pour de l'amour. J'en suis d'autant plus fâché, que vous m'avez offert votre cœur et qu'il m'est impos-

sible de l'accepter, puisque le mien est tout entier à celle à qui je vais m'unir.   DUVAL.

LUCETTE, riant.

C'est toi qui t'amuses à faire cette lettre-là.

ARLEQUIN.

Moi? je n'ai jamais fait ni écrit de pareilles impertinences. Je lis ce qu'il y a.

LUCETTE prend la lettre.

Cela n'est pas possible.

ARLEQUIN.

Voyez vous-même.

LUCETTE, après avoir lu.

Ah! le traître! Mon ami, ne m'accable pas; je n'avois pas encore reçu cette lettre, je ne m'attendois pas à la recevoir, quand je t'ai rendu mon amour, quand je t'ai dit...

ARLEQUIN.

Ne parlons plus de rien, Lucette: si ta faute n'avoit pas été punie, j'au-

rois pu te la rappeller quelquefois
pour te faire enrager; mais après cette
lettre-ci, je mériterois que tu m'ou-
bliasses tout à fait si je pouvois m'en
souvenir un seul moment. (Il déchire
la lettre.) Parlons de notre mariage. Je
t'aime plus que jamais ; je ne t'ai jamais vue si belle, si jolie, qu'aujour-
d'hui ; et tout mon bonheur, toute
ma confiance, toute ma gaieté, sont
revenus dans mon cœur.

LUCETTE.

Ah, mon cher Arlequin ! combien
je sens ton procédé!...

ARLEQUIN.

Ne sens que ma joie, c'est tout ce
que je demande, et oublie à jamais
tout ce qui n'est pas ta mere ou moi...
Mais voici madame Mathurine avec
M. le tabellion, et... toujours ce
monsieur.

SCENE XII.

LUCETTE, ARLEQUIN, MA-THURINE, DUVAL, LE TABELLION.

MATHURINE.

MA fille, voici le moment de ter-miner bien des affaires. M. le tabel-lion nous aidera ; il porte avec lui ton contrat, où le nom de ton mari est en blanc : c'est à toi, comme de rai-son, à le remplir ; vois si tu veux du temps pour te décider, ou si tu peux t'expliquer tout de suite.

LUCETTE.

Grace au ciel, ma mere, je n'ai pas besoin de réflexion pour faire é-crire sur ce papier le nom qui a tou-jours été dans mon cœur. (Au tabel-lion:) Monsieur le tabellion, écrivez que mon mari, mon amant, mon ami, s'appelle Arlequin.

ARLEQUIN.

Oui, monsieur, entendez-vous?
et n'oubliez aucune de mes qualités.

LE TABELLION.

Je vous en fais mon compliment.
Mais est-ce là votre habit de noces?

ARLEQUIN.

Non, non, c'est mon habit de la
veille.

MATHURINE.

Ta mere sort de chez moi; elle savoit déja la folie que tu as faite, et
elle est allée chez le capitaine pour
acheter ton congé.

ARLEQUIN.

Elle a raison, ma mere, car voici
mon colonel; et je quitte le capitaine
pour suivre le colonel. Je sais ce que
c'est que la subordination.

MATHURINE.

Ce n'est pas tout. Voici un titre
avec lequel je pouvois ruiner ta bonne
mere et toi-même. Tant que tu le sau-
rois dans mes mains, tu te croirois

obligé de m'aimer, pour que je n'en fisse pas usage. Il faut que tu m'aimes, comme tu le disois tantôt, seulement pour ton plaisir : tiens, voilà ton titre. (Elle le déchire.)

DUVAL.

Ah, madame!

MATHURINE.

Un moment. Sais-tu ce qu'il m'en a coûté, ma fille, pour assurer le repos du bon Arlequin, de sa mere, et pour faire avouer à monsieur qu'il ne t'avoit jamais aimée? une promesse de mariage, qu'il faudra bien tenir, si monsieur l'exige, après certaines dispositions que je veux faire auparavant. Monsieur le tabellion, écrivez que, par-dessus la dot qui revient à ma fille, je lui donne dès aujourd'hui tout ce que je possede dans le monde, tout ce que je pourrai jamais posséder ; que je me remets entièrement à sa disposition : et expliquez cela de maniere qu'il soit aussi clair que tout mon

bien est à ma fille, comme il est clair
qu'elle a tout mon cœur.

LUCETTE.

Ah, ma mere !

MATHURINE.

Laisse-moi parler. A présent, monsieur, qu'il ne me reste plus que les appas qui vous ont séduit, si vous voulez ma main, vous n'avez qu'à dire, je subirai mon sort. Mais notre fortune dépendra de mademoiselle Lucette ; c'est à elle à me faire une dot pour me forcer à un mariage que je déteste. Demandez-lui donc ses intentions : voilà ma mere.

DUVAL.

Madame, il m'est impossible de vous exprimer à quel point cette plaisanterie-là m'enchante. Je suis ravi d'y être pour quelque chose. Je vous rends votre promesse. En vous épousant nous serions tous deux malheureux ; en ne vous épousant pas, nous sommes tous les quatre contents : il n'y a pas de comparaison. Et d'après ce calcul, je crois n'avoir rien de mieux à faire que de prendre congé de la compagnie.

MATHURINE.

Vous devinez notre avis.

ARLEQUIN le rappelle.

Monsieur, monsieur !

DUVAL.

Quoi?

ARLEQUIN.

Comme vous avez beaucoup d'esprit, et que je ne suis qu'une bête, ne pourriez-vous pas me faire quelques petits couplets sur mon mariage? je vous serois bien obligé.

MATHURINE, à Arlequin.

Allons, mon ami, allons faire la noce chez ta mere; je veux lui porter un bouquet et en recevoir un de sa main : le jour du bonheur des enfants est la fête des bonnes meres.

FIN.

LE BON FILS,

COMÉDIE

EN TROIS ACTES ET EN PROSE,

Représentée sur un théâtre de société,
le 1 novembre 1785.

votre sensibilité, à votre bienfaisance, à votre humanité (dons si rares dans les héros), que je présente UN BON FILS, qui, suivant pour toute regle la morale de son cœur, sacrifie sa maîtresse à sa mere. Protégez-le, MONSEIGNEUR; il est utile que la Vertu soit sous la garde de la Gloire.

Je suis avec un profond et tendre respect,

MONSEIGNEUR,

DE VOTRE ALTESSE ROYALE

le très humble et très
obéissant serviteur,
FLORIAN.

LE BON FILS.

PERSONNAGES.

MARCELLE, vieille paysanne.

FIRMIN, son fils.

THIBAUT, paysan du village.

AGATHE, sa fille.

GIRAUT, fermier.

La scene est dans un village.

F. M. Queverdo Inv. Del.   Dambrun Sculp

chut donc...ma mere dort !

LE BON FILS,

COMÉDIE.

ACTE I.

Le théâtre représente des arbres et des maisons ;
celle de Marcelle se distingue sur un des côtés de
la scene.

Marcelle, assise devant sa porte, file sa que-
nouille ; Firmin son fils, assis auprès d'elle, tient
un livre dans ses mains.

SCENE PREMIERE.

MARCELLE, FIRMIN.

FIRMIN.

Ces fables sont assez jolies, ma mere ;
voulez-vous que j'en lise encore une ?

MARCELLE.

Comme tu voudras, mon fils : mais

il y a long-temps que tu lis haut, je crains que cela ne te fatigue.

FIRMIN.

Bon ! fatiguer ! Je m'interromps pour causer avec vous ; cela me repose. Voyons encore celle-ci. (Il lit.)

LA BREBIS ET L'AGNEAU,

FABLE.

UNE brebis un jour disoit à son agneau:
Mon fils, je suis toute saisie,
En songeant aux dangers qui menacent ta vie;
Tout le monde t'en veut, le maître du troupeau
Attend que tu fasses envie
A quelque bon boucher, autrement dit bourreau,
Qui nous prend, nous achete, et sans cérémonie
De sang froid vient nous égorger.
Son confrere le loup t'épie,
Comme lui, voulant te manger.
Enfin contre mon fils tout à la fois conjure;
Tu vois le jour à peine, on va te le ravir;
Et plus vieille que toi, je te verrai mourir,
Contre l'ordre de la nature.

Hélas! répond l'agneau, c'étoit un de mes vœux:
Mourir jeune n'est pas un destin si contraire;
Je serois bien plus malheureux,
Si je survivois à ma mere.

Ah, ma mere! cette fable me plaît beaucoup; je suis le frere de cet a-gneau-là.

M A R C E L L E.

Celui qui l'a fait ainsi parler t'avoit sûrement entendu. Mais laisse ton livre, mon ami, et viens m'embrasser; l'émotion où je suis m'empêcheroit d'être attentive.

F I R M I N l'embrasse.

J'aime encore mieux cela que la fable.

M A R C E L L E.

Regarde, mon ami, combien ta tendresse me rend heureuse! Nous sommes pauvres, nous n'avons rien au monde que cette chaumiere, et notre petit jardin. J'ai perdu mon mari, je n'ai plus de parents, je suis souvent tourmentée par des créanciers de ton pere, qui avoit un peu le défaut d'emprunter, et qui, de bons bourgeois que nous étions autrefois, nous a réduits à devenir des paysans pauvres. Tout ce qu'il a laissé de dettes me regarde, parceque je me suis engagée pour lui. J'ai soixante-neuf ans, et je commence à souffrir des infirmités de la vieillesse: eh bien, quand tu es près de moi, quand je te vois, quand je t'entends, sur-tout lorsque tu m'embrasses, je suis jeune, riche, bien portante; je retrouve tout ce que j'ai perdu; une seule de tes caresses me fait oublier dix ans de chagrin; et quand tu m'appelles ta mere, j'éprouve un plaisir cent fois au-dessus de toutes les peines dont j'ai souffert. Je te dis cela, mon cher fils, parceque je m'apperçois bien que tu crois m'avoir des obligations ; que tu t'occupes sans cesse de me prouver ta reconnoissance ; et il ne faut pas t'abuser, vois-tu : c'est ta mere qui t'en doit.

FIRMIN.

Ah bien oui, par exemple, voilà de jolis propos ! Tenez, je vous parle en ami ; n'allez pas dire ces choses-là devant du monde, car on se moqueroit de vous. Devant moi, à la bonne heure, il n'y a pas d'inconvénient, parceque je vous passe tout. Mais...

MARCELLE.

Non, je veux que tu sois bien sûr...

FIRMIN.

Oui, je le suis aussi que vous êtes pour moi ce qu'il y a de plus cher au monde ; que sans vous je ne pourrois pas vivre, et que si vous ne m'aimiez pas, je n'aurois plus de plaisir à rien, pas même à aimer Agathe.

MARCELLE.

Tu l'aimes bien ton Agathe ?

FIRMIN.

Oh ! c'est la seconde personne de mon cœur. D'abord vous, puis Agathe, puis moi, puis plus rien.

MARCELLE.

Heureusement qu'Agathe a un frere qui l'empêche d'être riche, et que son pere, M. Thibaut, a déclaré qu'il ne lui donneroit point de dot. Sans cela, tu n'aurois pu prétendre à Agathe. Mais, comme elle est pauvre et toi aussi, on vous permettra d'être heureux.

FIRMIN.

Oui, ma mere, tout ira bien. Agathe, comme vous savez, est la filleule de madame la comtesse de Gircour, à qui appartient ce village. Madame de Gircour m'a promis hier encore de parler pour moi à M. Thibaut. Cette bonne madame de Gircour, elle m'a dit qu'elle étoit bien fâchée de n'être pas riche : car, sans cela, elle auroit donné une bonne dot à Agathe. Oh! madame, lui ai-je dit, il ne faut pas vous gêner : je me porte bien ; je suis en état de travailler, de nourrir ma mere et ma femme, et encore tous les petits drôles qui pourront venir par la suite augmenter la famille.

MARCELLE.

Madame de Gircour ne t'a pas menti. Elle n'a pour tout bien que cette terre, qui ne rapporte pas grand' chose; et son fils l'officier mange tous les ans plus que le revenu de la terre. Elle est bien moins heureuse que moi, madame de Gircour ; elle vit loin de son fils, qui ne lui écrit jamais que pour demander de l'argent : je suis toujours avec le mien, et c'est lui qui me nourrit. Mais va te dissiper un peu, mon ami, va voir ton Agathe.

FIRMIN.

Non, ma mere ; je suis bien aise
de rester ici.

MARCELLE.

C'est que j'ai quelque chose à faire.

FIRMIN.

Quoi donc ?

MARCELLE.

Je voudrois aller sarcler ce petit
quarré de légumes qui est auprès du
mûrier.

FIRMIN.

Il est sarclé.

MARCELLE.

Comment cela donc ? Il ne l'étoit
pas hier au soir.

FIRMIN.

C'est vrai. Mais comme il n'y a
rien de plus mal-sain à votre âge que
de se tenir baissée pendant deux heures à arracher de mauvaises herbes,
je me suis levé ce matin avant le jour,
et j'ai sarclé le petit quarré.

MARCELLE, à part.

Je m'en étois bien doutée. (haut.)
C'est égal, mon ami, va-t'en ; j'ai
beaucoup filé cette semaine, il faut
que je mette mon fil en écheveau.
Cela ne me fatiguera pas ; et je n'ai
pas besoin de toi.

FIRMIN.

Votre fil est en écheveau. J'avois
les bras un peu engourdis ce matin
d'avoir sarclé dans la rosée ; pour les
dégourdir, j'ai devidé votre fil. Ensuite, j'ai été chercher notre vache
que ce drôle de vacher n'avoit pas
ramenée hier au soir du bois. Je l'ai
mise dans notre étable ; j'ai donné de
la litiere fraîche au petit veau ; j'ai
fait votre lit, le mien aussi ; la vache
a du foin, notre dîner cuit ; vous n'a-
vez rien à faire qu'à vous tranquilli-
ser, et je ne veux pas m'en aller :
c'est-il clair cela ?

MARCELLE.

Mais écoute. Je suis un peu fati-
guée, et je voudrois dormir : tu ne
peux pas dormir pour moi ; et si tu
restes, tu me réveilleras.

FIRMIN.

Je ne vous réveillerai point, parceque je vais m'amuser à lire ces fables ;
et en lisant des yeux, comme madame lit toujours quand elle se pro-
mene, je ne ferai point de bruit.

MARCELLE.

Si fait, si fait.

FIRMIN.

Non, non, ma mere.

MARCELLE.

Nous allons voir ; je t'avertis que
je dors.

FIRMIN.

Bonne nuit.

MARCELLE, à part.

Faisons semblant de dormir, c'est
le seul moyen de le faire aller voir

son Agathe. (Elle fait semblant de dormir,
Firmin lit, et la regarde de temps en temps ; après
un assez long silence, il se leve, s'approche doucement de sa mere, et dit à voix basse.)

FIRMIN.

Dors, dors, ma bonne et tendre
mere. J'ai tant de plaisir à te voir re-
poser ! Quand j'étois enfant, tu ne me
quittois pas, tu veillois sur mon som-
meil ; il est bien juste qu'à mon tour
je veille aussi sur le tien, et que je
rende à ta vieillesse tous les soins que
tu donnas à mon enfance. Dors, ma
bonne mere, dors.

SCENE II.

AGATHE, FIRMIN; MARCELLE,
endormie.

AGATHE.

Bon jour, mon ami....

FIRMIN, à voix basse.

Chut donc. Ma mere dort. Ah!
c'est toi, ma chere Agathe : que je
suis aise de te voir ! Mais parlons bas,
je t'en prie.

AGATHE, à voix basse.

Est-ce qu'elle est malade, ta mere?

FIRMIN, à voix basse.

Non, mais cela lui fait du bien de
dormir; prenons garde de la réveiller.
Et toi, comment te portes-tu ? Tu es
encore plus jolie aujourd'hui qu'hier !
Mets-toi là, ne fais pas de bruit, et
dis-moi bien doucement si tu m'aimes toujours.

AGATHE, à voix basse.

Voilà une bonne question! Est-ce que l'on aime autrement que pour toujours? Mais d'où vient n'es-tu pas venu ce matin?

FIRMIN, à voix basse.

Ma bonne amie, je n'ai pas pu; j'ai travaillé pour ma mere.

AGATHE, haut.

En ce cas vous ne m'avez pas regrettée.

FIRMIN, à voix basse.

Chut donc... Oh! si fait; dès que je ne te vois plus, je te regrette.

AGATHE, à voix basse.

J'avois tant de choses à te dire! d'abord, notre mariage...

FIRMIN, haut.

Ah! ah! notre mariage...

AGATHE, à voix basse.

Chut donc toi-même...

FIRMIN, à voix basse.

J'ai peur que nous ne la réveillions:

tiens, ne causons pas; embrassons-
nous, cela fera moins de bruit.

AGATHE, haut.

Non pas, s'il vous plaît; tenez-
vous tranquille, ou je vais parler tout
haut.

FIRMIN, à voix basse.

Paix donc, paix donc; quel train
tu fais! tu vas réveiller ma mere.

AGATHE, à voix basse.

Écoute donc ce que j'ai à t'apprendre. Tu connois bien M. Giraut, le
fermier de ma marraine?

FIRMIN, à voix basse.

Oui; eh bien?

AGATHE, à voix basse.

Eh bien! il est amoureux de moi.

FIRMIN, haut.

M. Giraut est amoureux...

AGATHE, à voix basse.

Paix donc; quel train tu fais! tu
vas réveiller ta mere. M. Giraut est
amoureux de moi, et il est venu ce

matin me demander à mon pere. Il lui a conté, je ne sais pas quoi, qu'il étoit déja bien riche, qu'il le seroit bientôt davantage, parcequ'aujourd'hui même ma marraine renouvelle ses baux, et que la ferme est excellente ; enfin, il a fait le détail de tous ses journaux de terre, de tous ses quartiers de vigne, pour prouver que je serois heureuse avec lui. Mon pere, qui est bon et brusque, comme tu sais, lui a répondu que c'étoit à moi à régler tous ces comptes-là ; il m'a appellée, et m'a dit : Tiens, ma fille, voici encore un épouseur : tu m'as déja parlé de Firmin ; vois celui des deux qui te plaît davantage, ce sera celui que je choisirai.

F I R M I N, à voix basse.

Ah ! l'honnête homme que ce M. Thibaut ! Oh ! je me doutois bien que M. Giraut ne lui conviendroit pas, il a une trop mauvaise réputation.

AGATHE, à voix basse.

J'ai répondu à mon pere que, par politesse pour M. Giraut, je ne m'expliquois pas tout de suite, mais qu'avant ce soir il auroit une réponse. Mon pere a dit que c'étoit bon; et j'ai vîte couru t'apprendre ces bonnes nouvelles.

FIRMIN, à voix basse.

Combien je te remercie! mon Agathe, ma chere Agathe, nous serons donc mariés! tu seras donc à moi! et pour toujours encore! Ah! si, avec cela, ma pauvre mere peut se bien porter, si elle peut vieillir entre nous deux, je ne desirerai plus rien dans le monde, que de voir une petite Agathe qui ait le cœur et le visage de celle-là qui est à moi.

AGATHE, à voix basse.

Mon ami, si tu venois dire un petit bon jour à mon pere, avant qu'il sache que c'est toi que j'ai choisi?

FIRMIN, à voix basse.

Je le veux bien, mais... c'est que...
Il est vrai qu'elle n'a pas besoin de
moi quand elle dort.... et puis..... je
serai de retour avant qu'elle soit é-
veillée.

AGATHE, à voix basse.

Oui, oui, viens toujours. (à Marcelle.)
Bon jour, ma mere; je suis fâchée de
m'en aller sans vous embrasser.

FIRMIN, à voix basse.

Baise-lui tout doucement la main,
et viens vîte.

(Agathe baise la main de Marcelle, et Firmin
aussi. Ils s'en vont avec précaution.)

SCENE III.

MARCELLE, seule.

Ces pauvres enfants ! que de plaisir j'aurois perdu, si je n'avois pas fait semblant de dormir ! Quand mon mari vivoit, et qu'il me faisoit la cour, il y a bien long-temps de cela, je croyois que rien au monde ne pouvoit valoir le bonheur d'être aimée d'un mari tendre et bon : je me trompois ; un fils vaut mieux encore. L'amour maternel n'est mêlé d'aucun de ces petits tourments qui troublent souvent l'autre amour. Point de jalousie, point de défiance. On n'a pas même besoin d'être chérie autant qu'on chérit : on aime son fils, cela suffit ; et quand on en est aimée, comme je le suis, c'est un surcroît de bonheur que notre ame a peine à soutenir. Mais que me veut M. Giraut ?

SCENE IV.

MARCELLE, GIRAUT.

GIRAUT.

Dieu vous garde, madame Marcelle! Eh bien, comment va la santé?

MARCELLE.

Assez bien, monsieur Giraut. Et la vôtre?

GIRAUT.

Comme cela. Les temps sont bien durs, madame Marcelle.

MARCELLE.

Oui; les gens riches s'en plaignent beaucoup.

GIRAUT.

Le fils de madame la comtesse tire de temps en temps de petits mandats sur moi, qui ne me réjouissent guere. Je n'ose pas m'en plaindre à madame de Gircour, parcequ'elle est bien vieille , et que si elle venoit à mourir , M. le comte, fâché contre moi, ne me laisseroit pas ma ferme: de sorte qu'il faut payer mes quartiers à madame , envoyer de l'argent à monsieur ; et par-dessus tout cela, renouveller mes baux aujourd'hui.

MARCELLE.

Mais cela ne vous coûtera rien de renouveller vos baux.

GIRAUT.

Qu'appellez-vous rien? Ne faut-il pas donner mille écus au factotum de madame , à ce M. Finaut, qui fait si fort l'important? Si je ne lui donnois pas ce pot de vin , il seroit capable de me faire ôter le bail, et je perdrois alors , non seulement ma ferme, mais toutes les avances que j'ai faites au fils de madame. Or, ces mille écus , il faut les trouver, et voilà justement ce qui m'embarrasse.

MARCELLE.

Je suis bien fâchée de ne pouvoir
pas vous les offrir.

GIRAUT.

Oh! ce n'est pas pour cela que je
vous en parle: mais vous sentez que,
dans une pareille circonstance, on
ramasse tout son petit avoir; et en
cherchant dans de vieux papiers que
je n'avois pas encore eu le temps d'e-
xaminer depuis trois mois que mon
pere est mort, j'ai trouvé un petit
billet de feu monsieur votre mari,
dont il est nécessaire que vous ayez
connoissance.

MARCELLE.

Un billet de mon mari, monsieur
Giraut? Mon dieu! vous me faites
trembler!

GIRAUT.

Rassurez-vous; ce n'est pas une si
grande affaire. Je crois l'avoir sur
moi, ce billet; oui, le voici, tenez:

ce n'est pas grand' chose, il ne s'agit
que de mille écus.

MARCELLE.

Ah ! mon dieu ! monsieur Giraut,
mille écus !

GIRAUT.

Oui ; c'est venu fort à propos. Car
vous voyez que c'est tout juste le pot
de vin qu'il faut payer à ce frippon de
M. Finaut.

MARCELLE, à part.

Je n'ai pas une goutte de sang dans
les veines. (haut.) Le billet est bien
de mon mari ; voilà bien son écriture :
mais, monsieur Giraut, ce billet est
bien ancien, il a trente ans ; et vous
n'ignorez pas...

GIRAUT.

Non, non ; le billet n'a pas trente
ans : diable ! ne badinons pas. S'il les
avoit, il ne vaudroit rien, il y auroit
prescription. Mais, à la vérité, il aura
trente ans demain. Voilà pourquoi,

madame Marcelle , il est indispensable que vous le payiez aujourd'hui.

MARCELLE.

Nous vous le renouvellerons, mon fils et moi ; nous engagerons notre maison , notre jardin , tout ce que nous possédons : mais , de grace , monsieur Giraut, accordez-nous un peu de temps. Vous sentez bien...

GIRAUT.

Oh ! de tout mon cœur ; je vous donnerai tout le temps que l'on me donne à moi-même. Ce n'est que ce soir que l'on signe les baux ; ainsi , pourvu que vous me remettiez ce soir mes mille écus , je suis content.

MARCELLE.

Hélas ! j'ai bonne envie de vous payer , bien bonne envie , je vous assure , et je cours de ce pas chez notre bailli qui m'a toujours fait amitié. Il a reçu un remboursement ces jours passés ; je vais faire tout au monde pour l'engager à me prêter ces mille écus.

GIRAUT.

Allez, je vous attends ici.

MARCELLE.

Ici?

GIRAUT.

Oui; cela vous gêne-t-il?

MARCELLE.

Non; mais c'est que mon fils va revenir sûrement, et je crains..... Je vous demande en grace, monsieur Giraut, ne lui parlez de rien : il est si sensible, ce jeune homme! vous le connoissez... Et si M. le bailli me prête, je veux lui épargner l'inquiétude; s'il ne me prête pas, je lui aurai toujours sauvé un petit moment de chagrin.

GIRAUT.

Allez, allez, songez à votre affaire, et apportez-moi les mille écus.

(Marcelle sort.)

SCENE V.

GIRAUT, seul.

JE t'en défie ; car le bailli m'a déja
prêté son argent. Ah , monsieur Firmin ! vous vous donnez les airs d'aimer Agathe, et d'en être aimé de préférence à moi ! Vous n'avez pas le
sou , et vous plaisez ! C'est trop inso-
lent aussi ; et je suis bien aise de vous
donner une petite correction , dont
vous vous souviendrez , j'espere. Le
voici ; nous allons voir comment il
s'en tirera.

SCENE VI.

GIRAUT, FIRMIN.

FIRMIN.

Ah! c'est vous, monsieur Giraut?
Par quel hasard?... Mais, où est ma
mere?

GIRAUT.

Elle est dans le village.

FIRMIN.

Il ne lui est rien arrivé?

GIRAUT.

Non; elle est allée chez le bailli,
pour une affaire qui me regarde.

FIRMIN.

Je m'en vais la chercher.

GIRAUT.

Elle m'a chargé de vous dire que
vous l'attendiez ici.

FIRMIN.

Oui?

GIRAUT.

Oui. Elle a ses raisons.

FIRMIN.

A la bonne heure.

GIRAUT.

Eh bien, monsieur Firmin....

FIRMIN.

Le bailli est son ami, il ne la lais-
sera pas revenir seule, n'est-il pas
vrai?

GIRAUT.

Eh! n'ayez pas peur, vous dis-je;
et causons en l'attendant.

FIRMIN.

Volontiers, monsieur Giraut, volontiers. Vous avez bien des affaires
aujourd'hui: on dit que vous renouvellez vos baux.

GIRAUT.

Que voulez-vous? chacun a ses petites occupations. Les uns ont une
ferme dans la tête, les autres une
jolie fille. Celui-ci pense à l'amour,

celui-là pense à l'argent. Moi, par exemple, je dois signer aujourd'hui un bail, vous un contrat de mariage: il s'ensuivra que votre soirée sera plus gaie que la mienne.

FIRMIN, à part.

Je crois qu'il veut se moquer de moi. Voyons un peu à le lui rendre.

GIRAUT.

Que dites-vous?

FIRMIN.

Je dis que vous renouvellez mes douleurs ; car je vois bien que vous voulez me parler de mademoiselle Agathe.

GIRAUT.

Justement.

FIRMIN.

Ah, monsieur Giraut ! je suis le plus malheureux des hommes. Le cœur d'Agathe va m'être enlevé; j'ai appris ce matin que j'avois un rival.

GIRAUT.

Qui vous a dit cela?

FIRMIN.

Une personne qui me dit toujours tout ce qu'elle sait ; c'est Agathe elle-même.

GIRAUT.

Et vous l'a-t-elle nommé, ce rival?

FIRMIN.

Non. Mais elle m'a dit que c'étoit un jeune homme charmant ; de la plus jolie figure du monde , aimable, riche , rempli d'esprit, et joignant à tout cela une grace dans les manieres, une douceur dans le parler , une gentillesse dans les propos , une...

GIRAUT.

Et vous ne devinez pas qui c'est?

FIRMIN.

Non : j'ai beau chercher dans le village , je ne vois point...

GIRAUT.

Je m'en vais vous le dire , si vous voulez : c'est moi...   10.

FIRMIN.

Cela n'est pas possible ; songez donc
au portrait qu'on m'a fait.

GIRAUT.

Je vous répete que c'est moi ; et
votre franchise m'engage à vous ou-
vrir mon cœur tout entier.

FIRMIN.

Pardi ! je vais donc voir de belles
choses.

GIRAUT.

Dites - moi d'abord si vous aimez
beaucoup mademoiselle Agathe.

FIRMIN.

Franchement, je ne l'aime pas plus
qu'elle ne m'aime ; mais il y a un peu
de temps que cela dure. Agathe et
moi nous sommes du même âge ; et
nous n'étions pas plus hauts que cela, que nous nous appellions mari et
femme. Tout ce que j'avois étoit à
Agathe, tout ce qui lui appartenoit
étoit à moi ; nous allions à l'école

ensemble, et je savois toujours la le-
çon d'Agathe, comme Agathe savoit
toujours la mienne : c'étoit égal au
magister, et cela nous faisoit plaisir.
Enfin, monsieur Giraut, jamais on
ne vit d'amitié si tendre ; et cette
amitié a toujours été en augmentant
depuis notre enfance jusqu'à ce matin.

GIRAUT.

Plus elle est vieille, et plutôt elle
doit finir ; je crois même que le moment en est arrivé.

FIRMIN.

Vous croyez cela ?

GIRAUT.

Oui, et voici mes raisons. J'ai ici
un petit billet de feu M. votre père
qui devoit mille écus au mien. Par
des circonstances trop longues à vous
détailler, j'ai besoin de ces mille écus,
pour lesquels madame Marcelle est
aussi engagée : à l'heure qu'il est,

elle cherche dans la bourse de tous
ses amis de quoi acquitter cette dette.
Mais j'ai de fortes raisons de penser
qu'elle ne trouvera pas ce qu'il lui
faut ; et dans ce cas, ce soir même,
je fais saisir votre maison, vos meubles, et madame votre mere ira cou-
cher en prison.

FIRMIN.

Que dites-vous ?

GIRAUT.

Écoutez jusqu'au bout. Comme je
suis votre ami, et que je vous vois
tourmenté de l'idée d'avoir un rival
et du danger de votre mere, je veux
vous délivrer à la fois de ces deux
embarras-là. Vous n'avez qu'à me céder Agathe, je vous donnerai quittance du billet de votre pere, madame Marcelle ne courra plus le moindre péril, et vous n'aurez plus d'inquiétude sur le rival dont vous m'a-
vez parlé. Si ce parti ne vous convient

pas, permis à vous de le refuser, et
de laisser aller votre mere en prison.
Que dites-vous? vous ne répondez
rien?

FIRMIN.

Hélas! je respire à peine.

GIRAUT.

Vous êtes troublé. Je veux vous
laisser le temps de vous remettre. Je
reviendrai dans une heure savoir ce
que vous aurez décidé. Mais ne perdez pas de vue l'état de la question;
mille écus ce soir, ou Agathe, ou
votre mere en prison. Pensez-y; et
d'après votre réponse, j'épouse Agathe, ou je vais chercher les huissiers.
Sans adieu, monsieur Firmin.

(Il sort.)

SCENE VII.

FIRMIN, seul.

Je demeure immobile de surprise et de douleur! Comment! il faut perdre ma mere, ou céder ma maîtresse! Ma mere, à qui je dois tant ; ma mere, dont le moindre bienfait est de m'avoir donné la vie! je la verrois à son âge traînée dans une prison, où, sans secours, sans consolation, elle ne mangeroit qu'un pain noir, qu'on lui épargneroit encore, et qu'elle tremperoit de ses pleurs! Non... je ne le souffrirai pas ; non, grace au ciel, je ne suis pas capable de le souffrir.... je mourrois plutôt mille fois... Mais abandonner Agathe! manquer à tant de promesses, à tant de serments, pour la voir passer dans les bras d'un autre, et la livrer moi-même à mon

rival!... Jamais, non jamais. Cet effort est au-dessus de moi. Ma mere,
mon Agathe, je ne puis choisir entre
vous deux ; mon cœur vous chérit
également : je sens même , oui , je
sens... Allons vîte trouver ma mere,
pour qu'Agathe ne l'emporte pas.

FIN DU PREMIER ACTE.

ACTE II.

SCENE PREMIERE.

MARCELLE, FIRMIN.

MARCELLE.

Monsieur Giraut m'avoit promis de te cacher notre malheur, il ne m'a pas tenu parole.

FIRMIN.

Je lui en sais gré, ma mere. S'il vous arrivoit quelque chose d'heureux, je serois fâché de ne pas l'apprendre; mais je le serois bien davantage d'ignorer un de vos chagrins.

MARCELLE.

Tu ne l'aurois su que trop tôt : il falloit bien finir par te le dire, puisque personne ne peut venir à notre secours.

FIRMIN.

Vous n'avez donc plus d'espérance?

MARCELLE.

Aucune, mon cher ami ; tu viens d'entendre toi-même ce que m'ont répondu le pere Thomas et la veuve Mathurine. Auparavant, j'avois été chez le bailli, il a prêté son argent. Deux autres de mes anciens amis, à qui même j'ai rendu service autrefois, m'ont reçue à merveille, m'ont fait les offres les plus obligeantes, m'ont embrassée plusieurs fois ; mais quand j'ai parlé des mille écus, leur visage s'est alongé, ils ont cessé de m'embrasser, et, en me conduisant doucement vers la porte, ils m'ont donné mille raisons pour aller m'adresser à leur voisin. Enfin, mon cher enfant, je n'ai plus de ressource, et je n'espere rien que de la pitié de M. Giraut.

FIRMIN.

Cela étant, ma mere, tout est perdu.

MARCELLE.

Non, tout ne l'est pas, puisque le danger ne peut te regarder. Tu n'es pour rien dans tout ceci, tu n'étois pas au monde quand ce malheureux billet fut signé. M. Giraut n'a rien à te demander, et voilà ce qui me console. M. Giraut vendra ma maison, mes meubles, tout ce que je possede, il est le maître. Cela ne suffira pas pour le payer; eh bien, je suis prête à me rendre en prison : mais tu resteras libre, toi; tu épouseras ton Agathe, tu demeureras chez elle, tu seras heureux, et cette idée empêchera ta mere d'être malheureuse. Va, mon fils, j'ai du courage contre un malheur qui ne menace que moi; et M. Giraut ne peut pas me faire beaucoup souffrir, puisqu'il ne peut te faire du mal.

FIRMIN.

Ma mere, ma bonne mere, comme
vous me traitez! comme vous connoissez mal mon cœur! Moi libre,
tandis que vous seriez dans la cap-
tivité! Moi heureux, quand vous seriez malheureuse! Et vous pouvez le
penser! et vous pouvez me le dire!
Tenez, ma mere, si je vous le pardonne, c'est la plus grande marque
de tendresse que mon cœur puisse
vous donner. Ne parlons plus, je vous
en prie, ni d'Agathe, ni de mariage;
occupons-nous de vous, de vous seule; occupons-nous de vous sauver, ou
si nous ne le pouvons pas, parlons du
moins de souffrir ensemble.

MARCELLE.

Hélas! mon ami, malgré mes chagrins, tu me fais verser des larmes
de joie: ta tendresse pour ta mere,
l'amour si pur et si vrai que tu as
pour elle, l'empêcheront toujours

d'être malheureuse. Mais comment veux-tu faire? Giraut demande son argent, nous n'en avons point, et je ne puis en trouver.

FIRMIN.

Avez-vous été chez madame la comtesse?

MARCELLE.

A quoi bon y aller? madame la comtesse elle-même est dans le besoin : elle a un bon cœur, je le sais, mais elle est trop pauvre pour pouvoir nous être utile.

FIRMIN, à part.

Giraut va venir, il faut éloigner ma mere. (haut.) Allez-y, je vous le conseille, allez-y. Je sais bien qu'elle ne peut vous prêter les mille écus : mais c'est aujourd'hui le renouvellement de ses baux; Giraut restera sûrement son fermier, et elle peut lui dire un mot en notre faveur; elle peut l'engager à nous donner du

temps. Allez trouver madame la comtesse, parlez-lui d'Agathe; c'est sa
filleule; elle l'aime, elle m'aime aussi: contez-lui toutes nos peines; tâchez de l'intéresser pour nous. Que
sait-on? Elle vous donnera peut-être
quelque conseil; à coup sûr elle vous
plaindra, et cela soulage toujours.
Allez au château, ma mere; moi,
pendant ce temps, je chercherai de
mon côté les moyens d'engager M.
Giraut à nous accorder un an ou
deux.

MARCELLE.

Tu le veux, mon fils, j'y consens;
mais c'est bien pour le plaisir de faire
ce que tu veux, car je n'espere rien
de madame la comtesse. Adieu, mon
ami; ne t'éloigne pas, je t'en prie,
ne t'éloigne pas; je serai bientôt de
retour: et j'ai tant besoin d'être avec
toi.

(Elle sort.)

11.

SCENE II.

FIRMIN, seul.

Enfin je respire, et Giraut peut venir, nous serons seuls. Voilà déja l'effet du malheur : j'ai desiré de voir sortir ma mere ; je lui ai menti pour l'éloigner de moi. Ah ! que ces deux efforts-là m'ont été nouveaux et pénibles ! Il va donc venir : et que lui dirai-je ? Agathe, ma chere Agathe, non, je ne puis vous abandonner ; je ne puis consentir à vous livrer à un homme indigne de vous posséder. Car, du moins si vous deviez être heureuse, si j'étois sûr, en renonçant à vous, de demeurer le seul à plaindre, ce seroit un motif de consolation : mais Giraut n'a rien de ce qu'il faut à Agathe ; Giraut n'est pas assez sensible pour devenir un bon mari ; et en lui cédant ma maîtresse,

je rends ma maîtresse malheureuse à
jamais. Cette idée est horrible, et fait
évanouir tout mon courage. Mais ma
mere... J'entends quelqu'un , c'est
Giraut sans doute... Non , c'est M.
Thibaut, le pere de ma chere Agathe.

SCENE III.

FIRMIN, THIBAUT.

THIBAUT.

Bon jour, Firmin ; ta mere n'y est
pas ?

FIRMIN.

Non , monsieur Thibaut ; elle est
sortie. Lui voulez - vous quelque
chose ?

THIBAUT.

Je voulois lui parler de toi.

FIRMIN.

De moi ?

THIBAUT.

Oui, de toi et de ma fille. L'un ne va guere sans l'autre ; n'est-il pas vrai ?

FIRMIN, soupirant.

Ah !

THIBAUT.

Ah ! Te voilà comme ma fille. Elle ne me répond pas autrement quand je lui parle de toi. Pardi ! je serai bien heureux, moi qui aime à causer le soir au coin du feu, quand vous serez mariés ensemble, et qu'assis entre vous deux, j'entendrai des soupirs à droite, et puis des soupirs à gauche : cela fera une jolie conversation !

FIRMIN.

Si j'avois le bonheur d'être le mari de mademoiselle Agathe, je ne soupirerois plus.

THIBAUT.

Je l'espere. C'est de ce mariage-là que je venois parler à ta mere.

FIRMIN.

De mon mariage avec Agathe?

THIBAUT.

Je compte qu'il se fera demain.

FIRMIN.

Demain! demain! monsieur Thibaut, ah! que nous en sommes loin!

(Il soupire.)

THIBAUT.

De demain? Va, je t'assure qu'avec de la patience, nous finirons par y arriver. Mais il ne s'agit pas de compter les heures, il est question d'un secret que je venois confier à ta mere, et que je vais te dire à toi, parcequ'au fait, c'est toi qu'il intéresse le plus, et que je te crois bon et serviable.

FIRMIN.

Je vous écoute, monsieur Thibaut.

THIBAUT.

Tu sauras que M. Giraut, le fermier de madame la comtesse, est venu me demander ma fille en mariage.

Giraut est plus riche que toi; mais je
le crois un frippon, et dès lors son
bien est un tort. Tu es pauvre, toi;
mais tu es honnête homme, et ma
fille t'aime : ainsi, il ne te manque
rien. Tu auras donc mon Agathe; je
l'ai laissée exprès maîtresse de son
choix, pour que tu lui en eusses toute
l'obligation , et elle tout le plaisir.
C'est ce soir que tu seras choisi par
elle, et alors . . .

FIRMIN, tristement.

Cela n'est pas sûr, monsieur Thibaut, cela n'est pas sûr.

THIBAUT.

Fais-moi le plaisir de me dire qui
pourroit s'y opposer, quand Agathe
et toi le desirent, que ta mere y con-
sent, et que je le veux bien.

FIRMIN.

Cela ne suffira pas.

THIBAUT.

Non! et qui pourra l'empêcher?

FIRMIN.

Mon malheur.

THIBAUT le contrefait.

Ton malheur! En effet, tu es un garçon bien à plaindre! Ma fille ne rêve qu'à toi, elle ne parle que de toi; sitôt que je veux faire l'éloge de quelqu'un, elle cite toujours une bonne qualité de Firmin qui l'emporte sur celle que je loue: ta mere t'adore: moi, je t'estime, et je t'aime; je laisse ma fille maîtresse de suivre le penchant qu'elle a pour toi: et quand je t'annonce tout cela, tu prends ce moment pour te plaindre de ton sort! Morbleu! ne m'interromps plus, entends-tu; ou je me fâche tout de bon. Où en étois-je? tu m'as troublé.

FIRMIN.

Ce n'étoit pas mon intention. Vous me disiez que je serois choisi par Agathe: et puissiez-vous dire vrai!

THIBAUT.

Je ne mens jamais, entends-tu? Ce
qui m'a fait le plus de plaisir en toi,
c'est de te voir rechercher ma fille,
quoique j'aie dit hautement qu'elle
n'auroit point de dot, et que j'avois
besoin de tout mon bien pour soutenir son frere, que j'ai placé à la ville
chez un riche négociant. Mais tu ne
sais pas pourquoi j'ai dit cela? tu ne
sais pas pourquoi je n'ai pas voulu
donner de dot à ma fille?

FIRMIN.

Non, monsieur Thibaut.

THIBAUT.

C'est pour son bien ; c'est pour
qu'elle en fût plus riche. (Firmin le regarde.) Oui, sans doute, tu as beau
me regarder. Le plus beau présent
que j'aie pu faire à ma fille a été de
ne lui rien donner, parcequ'Agathe
se croyant sans dot, s'en est fait une de
sa sagesse, de son économie, de son

amour pour le travail; et si elle avoit cru être riche, elle auroit peut-être négligé ce trousseau-là. J'avois encore une autre raison : c'est qu'Agathe, passant pour n'avoir rien, ne pouvoit être recherchée que par quelqu'un véritablement amoureux d'elle; et autant je haïrois un gendre qui auroit épousé ma fille pour son argent, autant j'aimerai celui qui ne l'épouse que pour son cœur. Comme je suis sûr à présent que c'est pour cela seul que tu l'épouses, je ne fais pas difficulté de t'avouer que mon projet a toujours été de donner quatre mille francs à ma fille.

FIRMIN, transporté.

Quatre mille francs, monsieur Giraut! quatre mille francs! c'est-il possible? Ah! quel bonheur! quelle joie! C'est trop, c'est trop de mille francs. Que je suis heureux, monsieur Thibaut! (Il lui saute au cou.) Que je suis heureux! Oui, j'épouserai votre fille; oui, cela est sûr à présent; rien ne peut plus s'y opposer, et l'amour que j'ai pour elle peut seul égaler mon bonheur.

THIBAUT, étonné.

Comment donc? ces quatre mille francs rendent-ils ma fille plus jolie?

FIRMIN.

Non, monsieur Thibaut, non, ce n'est pas cela. Oh! mon dieu non, c'est impossible. Mais si vous saviez, si vous pouviez deviner quelle joie, quel plaisir, me causent ces quatre mille francs!...

THIBAUT, à part.

Je le vois bien.

FIRMIN.

Si vous connoissiez à quel point... Et, dites-moi, pouvez-vous me donner cet argent avant ce soir?

THIBAUT.

Avant ce soir?

FIRMIN.

Oh! tâchez, tâchez, monsieur Thibaut, de me rendre ce service. Jamais je n'ai rien desiré avec tant d'ardeur, et vous ne pouvez pas avoir d'idée du plaisir que j'aurai à recevoir ces quatre mille francs.

THIBAUT.

Mais, entendons-nous donc. Quand je te fais cette confidence, uniquement parceque je crois que tu n'aimes pas l'argent, tu montres une joie, tu fais éclater des transports qui me font presque repentir de ce que je t'ai dit, et me donnent de l'inquiétude pour ce que j'ai encore à t'apprendre.

FIRMIN.

Parlez, parlez, et ne craignez rien. Allez, mon cœur ne vous est pas connu, ce n'est pas l'argent que j'aime; mais ces quatre mille francs.. .

THIBAUT.

Semblent t'avoir tourné la tête. Je l'ai tout prêt, cet argent, et je me faisois un plaisir de le remettre dans tes mains en signant le contrat de ma fille ; mais un malheur affreux arrivé à mon fils vient déranger tous mes projets.

FIRMIN.

Ô ciel !

THIBAUT.

Tu sais que j'ai placé mon fils chez le plus riche négociant de la ville, et que, grace à sa bonne conduite, il est devenu son caissier ; il vient de m'écrire dans le dernier désespoir qu'on a volé dans sa caisse cent cinquante louis dont il est responsable, et il ajoute qu'il mourra de douleur s'il ne peut remplacer cet argent d'ici à demain. Tu juges que mon premier devoir c'est de sauver l'honneur de mon fils avec la dot de ma fille. Agathe n'y perdra rien par la suite; mais pour le moment, il ne me reste pas un écu.

FIRMIN, à part.

Ma joie n'a pas duré long-temps.

THIBAUT.

Voilà le secret que je venois confier à ta mere; je t'estime assez pour t'en faire part, pour te prier même de partir à l'instant, et d'aller porter à mon fils l'argent que j'avois destiné pour toi... Tu ne me réponds rien.... tu rêves... Est-ce que tu désapprouves l'emploi que j'en fais?

FIRMIN.

J'en suis bien loin, monsieur Thibaut, j'en suis bien loin, et je ferois de même à votre place. Agathe n'a pas besoin de dot: celui qui sera son époux sera trop heureux encore.

THIBAUT.

Comment! ne t'ai-je pas dit que ce seroit toi?

FIRMIN.

Rien n'est plus incertain , malheureusement.

THIBAUT.

Mais tu n'y penses pas, Firmin. Quand je t'ai parlé des quatre mille francs, tu ne doutois pas d'épouser Agathe; et à présent que je suis forcé de disposer de sa dot, tu n'es plus sûr de l'épouser?

FIRMIN, tristement.

Ce que vous dites n'est que trop vrai.

THIBAUT le regarde d'un air mécontent.

Puis-je du moins compter sur vous pour aller porter cet argent à la ville? elle n'est qu'à une demi‑lieue : me rendrez-vous ce petit service?

FIRMIN.

J'y aurois plus de plaisir que vous; mais dans ce moment je ne puis m'éloigner. Ma mere a besoin de moi; elle en a trop besoin , ma pauvre mere. Ce soir ou demain j'irai où vous voudrez.

THIBAUT.

Ce soir ou demain il sera trop tard. Adieu, monsieur Firmin.

FIRMIN.

Vous êtes fàché?

THIBAUT.

Point du tout; je ne me fàche que contre mes amis.

(Il s'en va.)

FIRMIN, le rappellant.

Monsieur Thibaut! monsieur Thibaut! écoutez-moi, je vous en prie.

THIBAUT, dans la coulisse.

J'ai tout entendu.

SCENE IV.

FIRMIN, seul.

Il me quitte avec l'air de la colere.
Hélas! il en seroit honteux, s'il savoit tout ce que je souffre, s'il savoit
combien il a augmenté mes maux,
par ce moment d'espérance qu'il m'a
donné et ravi sur-le-champ. Quel
bonheur c'eût été pour moi de pouvoir délivrer ma mere avec la dot de
ma maîtresse! de sauver ce que j'ai
de plus cher par ce que j'aime plus
que ma vie! Ah! j'aurois été trop
heureux! La fortune ne l'a pas voulu. Tout se réunit contre ma mere;
elle n'a plus que moi, que moi seul...
Eh bien! seul, je dois lui suffire;
seul, je dois lui tenir lieu de tout.
Pourvu que la vue d'Agathe ne vienne
pas m'affoiblir!... Loin d'elle j'aurai
du courage; mais si je la revois, je

n'en aurai plus. Voici Giraut; mon
cœur m'abandonne déja.

SCENE V.

GIRAUT, FIRMIN.

GIRAUT.

Me voici, monsieur Firmin. Je crois
vous avoir donné le temps de faire
toutes vos réflexions ; je viens chercher votre réponse.

FIRMIN.

Monsieur Giraut, je vous supplie
de m'écouter un moment, sans vous
fâcher, sans vous ennuyer de ce que
je vais vous dire. Je suis bien à plaindre, voyez-vous, et les malheureux
parlent longuement.

GIRAUT.

Ne vous gênez pas, j'ai de la patience, et je suis venu pour écouter.

FIRMIN.

Vous êtes mon rival, vous desirez
de m'enlever Agathe; cela est juste,
et je ne vous en fais pas un crime:
mais vous ne desirez pas de me voir
mourir de douleur; cela ne vous ren-
droit pas plus heureux, n'est-il pas
vrai?

GIRAUT.

Il n'est pas question de votre mort,
il est question de me payer ce qui
m'est dû, ou de renoncer à Agathe.
Voilà le point dont il s'agit, et sur lequel il me faut une réponse positive.

FIRMIN.

Et c'est cette réponse si terrible
que je ne puis faire sans mourir.

GIRAUT.

Ne croyez pas cela, monsieur Firmin; si l'on mouroit toutes les fois
qu'on le dit, il n'y auroit presque plus
de vivants dans ce monde. Moi, qui
vous parle, j'ai eu de très grands cha-

grins, et vous voyez comment je me
porte.

FIRMIN.

D'abord, il ne faut rien vous déguiser. Je suis certain du cœur d'Agathe, je suis sûr d'en être aimé autant
que je l'aime ; et vous pouvez compter d'avance que ce sera moi qu'elle
choisira pour époux.

GIRAUT.

En ce cas, je n'ai plus rien à vous
dire, et c'est madame votre mere seule
que cette affaire-ci regarde. Serviteur,
monsieur Firmin. (Il veut s'en aller.)

FIRMIN, le retenant.

Arrêtez, arrêtez, je vous en prie.

GIRAUT.

Il me semble que vous avez tout dit.

FIRMIN.

Vous demandez que je vous cede
Agathe ; mais réfléchissez que, même
en faisant ce que vous voulez, vous
n'en serez pas plus heureux.

G I R A U T.

Pourquoi donc, s'il vous plaît? est-on malheureux d'épouser celle que l'on aime?

F I R M I N.

Oui, quand on n'en est pas aimé.

G I R A U T.

Et voilà positivement le motif de ma haine et de ma conduite envers vous. C'est vous, vous seul, qui m'empêchez d'être aimé d'Agathe, et ce n'est pas la premiere fois que je vous trouve sur mon chemin; par-tout où je suis avec vous, on vous cherche et l'on me repousse; aux deux dernieres fêtes du village, vous m'enlevâtes le prix de l'arc. Je ne vous l'ai pas pardonné; je vous dis franchement que je vous déteste, que je vous ferai le plus de mal que je pourrai; et si je ne puis vous chasser du cœur d'Agathe, je me vengerai du moins de vous voir toujours préféré à moi.

FIRMIN.

Mais vous vous en vengez sur vous-
même : mais le cœur d'Agathe est à
moi, et il m'appartiendra toute la vie.
Vous ne connoissez pas ces cœurs-là,
monsieur Giraut ; c'est un pays qui
vous est étranger. Vous ne savez pas
qu'Agathe ne vous choisira pour é-
poux que dans le premier moment
de colere que lui causera mon feint
abandon ; que, ce premier moment
passé, elle en sera désolée ; que son
amour pour moi se réveillera plus fort
que jamais ; que si elle apprend sur-
tout que c'est pour sauver ma mere
que j'ai renoncé à sa main, elle m'aimera cent fois davantage, elle me re-
grettera cent fois plus ; et l'idée de
l'affreux marché que vous m'avez pro-
posé vous ôtera pour jamais sa tendresse, et peut-être son estime. Serez-
vous heureux, monsieur Giraut ?

2.   13

GIRAUT.

Je ne suis pas si grand raisonneur
que vous, monsieur Firmin; vous pas-
sez vos journées à lire tous les beaux
livres du château, et vous me répétez
ici ce que vous avez lu ce matin. Je
ne lis rien moi, que mon livre de
comptes; et je n'ai pour me conduire
que le bon sens que m'a donné ma
mere.

FIRMIN.

Vous avez eu une mere?

GIRAUT.

La belle demande! apparemment.

FIRMIN.

D'après la proposition que vous
m'avez faite, je ne l'aurois pas cru.

GIRAUT.

Tout cela et rien, c'est la même
chose. Il ne s'agit que de deux partis,
c'est que votre mere aille en prison,
ou bien que j'épouse Agathe. Voilà
sur quoi il faut me répondre. Qu'A-

gathe ensuite m'aime ou me haïsse,
me fasse enrager, ou tout ce qui lui
plaira, c'est mon affaire, entendez-
vous? la vôtre, c'est de vous décider.

FIRMIN.

Mais, monsieur Girant, vous aimez l'argent, n'est-il pas vrai?

GIRAUT.

L'argent! L'argent a son mérite.
Après?

FIRMIN.

Agathe n'a rien; et pour épouser
une fille qui n'a rien, vous perdez encore mille écus. Au lieu de cela, é-
coutez ce que je vous propose : laissez-moi Agathe, laissez-moi ma mere; et je m'engage à vous servir toute
ma vie, je serai votre domestique, le
dernier de vos valets. Je labourerai vos
champs; j'aurai soin de vos attelages;
je ferai l'ouvrage de deux : vous ne me
paierez pas. Je suis fort et robuste, je

travaille bien. Achetez-moi, je me vends à vous.

G I R A U T.

Pardi ! je le crois bien : le marché ne seroit pas mauvais. Vous vous estimez donc mille écus ?

F I R M I N.

Hélas ! je ne m'estime rien ; et j'estime tout ma mere et Agathe. Laissez-les moi toutes deux, et employez ma vie entiere à tout ce que vous voudrez.

G I R A U T.

Ah çà ! finissons tous ces contes-là. Je n'ai pas besoin d'un valet, et j'ai besoin d'une femme. D'abord, Agathe n'est pas si pauvre que vous le dites : je le sais de bonne part. Agathe me convient de toutes façons ; et sans vous, M. Thibaut ne feroit pas difficulté de me la donner. L'amour, l'intérêt, le bon sens, m'engagent à employer tous les moyens possibles pour l'emporter sur mon rival; et plus vous aimez votre mere, plus je persiste à vous donner le choix de la voir en prison, ou de céder Agathe. Votre réponse, que je m'en aille.

FIRMIN.

Ma réponse?

GIRAUT.

Oui, finissons.

FIRMIN.

Ah ciel!

GIRAUT.

Je vais chercher les huissiers.

FIRMIN.

Un moment...

GIRAUT.

Vous balancez toujours.

FIRMIN.

Ah! je dispute, mais je ne balance pas.

GIRAUT.

Eh bien?...

FIRMIN.

Eh bien!...

GIRAUT.

Je suis las de tant d'incertitude,
et je vais sur-le-champ.....

(Il veut sortir.)

FIRMIN, l'arrêtant.

Monsieur Giraut! monsieur Giraut!...

GIRAUT, s'en allant.

Non, je ne reviens plus....

FIRMIN.

Eh bien!... eh bien!... écoutez...
écoutez...

GIRAUT, s'en allant toujours.

Non, je n'écoute rien.

FIRMIN.

Agathe... Agathe est à vous.

GIRAUT, revenant.

Ah! voilà parler, cela.

FIRMIN, pleurant.

Donnez-moi la quittance de ma
mere.

GIRAUT.

Un moment, s'il vous plaît. La
voilà toute prête, cette quittance ;
mais comment voulez-vous qu'A-
gathe me croie, quand je lui dirai que
vous renoncez à elle ? Vous sentez
bien qu'il faut que tout soit égal ; et
puisque j'irai dire moi-même à votre
mere qu'elle ne me doit plus rien,
il faut que vous disiez vous-même à
Agathe que vous ne l'aimez plus.

FIRMIN.

Quoi ! vous voudriez...

GIRAUT.

Je veux la raison. Vous convenez
vous-même qu'Agathe vous aime, et
qu'elle doit vous choisir. Vous seul
pouvez l'engager à ne plus vous aimer, et à me préférer à vous. Sans
cela, vous feriez un marché de frippon, et moi je serois une dupe ; et
tout l'ordre seroit renversé. Venez
donc avec moi trouver Agathe ; et je

ne vous demande autre chose que de
lui dire que vous ne l'aimez plus, et
que vous consentez à son mariage
avec moi.

FIRMIN, pleurant.

Jamais, jamais, monsieur Giraut.
J'aurois beau faire un effort, ma lan-
gue malgré moi lui diroit que je l'aimerai toute ma vie.

GIRAUT.

Alors, malgré moi, je ferai arrêter
madame Marcelle.

(Il veut s'en aller.)

FIRMIN.

Un moment, je vous en conjure;
ayez pitié de moi, monsieur Giraut.

GIRAUT.

Décidez-vous donc.

FIRMIN.

Je vous promets, je m'engage à renoncer à Agathe. Mais n'exigez pas
que je le lui dise moi-même, je n'en
aurois jamais la force; ne l'exigez pas,

monsieur Giraut. Je vous promets,
je m'engage à le lui écrire, et vous
porterez vous-même la lettre.

GIRAUT.

Non, non; Agathe voudroit une
explication, et cette explication rac-
commoderoit tout. Venez tout-à-
l'heure avec moi dire à Agathe que
vous ne l'aimez plus; et sur-le-champ
je vais porter ma quittance à votre
mere. Si vous refusez..... Mais voici
Agathe; ce moment va tout décider:
si vous lui faites le moindre signe,
si vous lui dites le moindre mot qui
puisse lui faire soupçonner ce dont
il s'agit; sans rien dire je vous quitte,
et je vais faire arrêter votre mere.

FIRMIN.

Ah! du moins, si elle étoit là pour
me soutenir!

SCENE VI.

GIRAUT, AGATHE, FIRMIN.

AGATHE.

Ah! je suis charmée de vous trouver ensemble, messieurs; mon pere est chez nous, et voici le moment où je dois me décider entre vous deux. Suivez-moi donc, s'il vous plaît, chez mon pere ; et promettez-moi d'avance que vous n'en resterez pas moins bons amis, quel que soit le préféré.

GIRAUT.

Oh! mademoiselle, il s'est passé bien des choses depuis ce matin.

AGATHE, *gaiement.*

Comment ! ne m'aimeriez-vous plus, par exemple? je suis résignée à tous les malheurs.

GIRAUT.

Cette résignation vous sera peut-
être nécessaire. Quant à mon amour,
il est toujours le même, aussi vif,
aussi tendre, aussi constant.

AGATHE, riant.

En ce cas-là, que puis-je craindre?

GIRAUT.

Demandez-le à monsieur Firmin.

AGATHE.

Firmin... Mais qu'avez-vous donc?
d'où vient cet air triste, et ces larmes qui baignent votre visage? que
vous est-il arrivé? Parlez, tirez-moi
d'inquiétude; avez-vous quelque chagrin?

FIRMIN.

(Il dévore ses sanglots, et parle d'une voix
tremblante; Giraut a les yeux sur lui, et suit tous
ses mouvements.)

Non, Agathe, non, je n'ai point
de chagrin, il ne m'est rien arrivé...
Mais j'ai une grace à vous demander,

une grace qui . . . me sera chere . . .
C'est . . . (Il regarde Giraut.) . . . c'est . . .
d'oublier le malheureux Firmin . . .
de vivre heureuse, et . . . d'épouser
monsieur Giraut. (à part.) Je n'en puis
plus, je me meurs. (Il veut s'en aller.)

AGATHE le retient.

Que dites - vous ? Arrêtez , expliquez - vous ; je ne vous comprends
point.

GIRAUT.

Mademoiselle Agathe ne vous com-
prend point. Expliquez - vous plus
clairement.

FIRMIN , faisant effort.

Eh bien, Agathe, mademoiselle
Agathe, vous que... (Giraut le regarde, il
s'arrête.) Je ne puis jamais être à vous...
épousez monsieur Giraut... Je vous
rends votre foi... (avec un sanglot déchirant.)
Je ne vous aime plus... (à part.) Allons
retrouver ma mere. (Il sort.)

SCENE VII.

AGATHE, GIRAUT.

AGATHE, *stupéfaite.*

JE rêve sûrement, ou je n'ai pas bien
entendu.

GIRAUT.

Non, mademoiselle, vous ne rêvez
point; et depuis deux heures que Firmin est avec moi, je puis vous assurer qu'il ne m'a parlé d'autre chose
que de la difficulté qu'il trouvoit à
vous dire ce qu'il vous a dit.

AGATHE.

Comment! vous étiez dans sa confidence?

GIRAUT.

Il y a long-temps, mademoiselle;
et s'il faut ne vous rien déguiser, je
ne me suis déclaré votre amant, que

parcequ'il m'avoit avoué que son a-
mour pour vous étoit passé. (Agathe le
regarde, et rêve profondément.) Firmin est
timide naturellement, jamais il n'auroit osé vous avouer son inconstance. Mais enfin, quand il s'est vu au
dernier moment, je lui ai conseillé
moi-même de ne pas laisser aller les
choses plus loin, et de vous éparguer
l'affront de le choisir pour en être
ensuite refusée.

AGATHE, froidement.

Je vous en remercie.

GIRAUT.

Puis-je me flatter de quelque es-
poir, mademoiselle, à présent que
vous voilà bien certaine de l'inconstance de Firmin? car enfin on ne peut
pas en être plus certaine; il vous l'a
dit lui-même : et ce n'est pas dans un
moment de colere ou de dépit; c'est
à l'instant de vous épouser, quand
monsieur votre pere vous laisse maî-

tresse de votre choix, quand il devoit
tomber à vos genoux pour obtenir
votre aveu ; c'est dans ce moment-là
qu'il vous a bien clairement articulé:
Épousez monsieur Giraut, je ne vous
aime plus. Vous l'avez bien entendu,
n'est-il pas vrai, mademoiselle?

AGATHE.

Oui.

GIRAUT.

Eh bien, mademoiselle, suivrez-
vous ses conseils? et serai-je assez heureux pour vous faire accepter mon
cœur, ma ferme et ma fortune?

AGATHE.

Monsieur Giraut, ce c'est pas le
moment de me faire une pareille question. Je vais retrouver mon pere ; ce
soir, je vous répondrai.

GIRAUT.

Ah ! je vous entends, charmante
Agathe, et je suis le plus heureux des
hommes. Me permettez-vous de vous
suivre?

AGATHE.

Non ; j'ai besoin d'être seule.

(Elle sort.)

SCENE VIII.

GIRAUT, seul.

Ne la perdons pas de vue, et allons porter à Firmin sa quittance : c'est le moyen de l'engager davantage à me tenir sa parole. Je connois la probité de Firmin; dès qu'une fois il aura reçu cette quittance, il n'osera plus regarder Agathe. Ainsi je ferai tourner à mon avantage jusques aux bonnes qualités de mon rival.

FIN DU SECOND ACTE.

ACTE III.

SCENE PREMIERE.

AGATHE, THIBAUT.

THIBAUT.

Retourne chez nous , ma fille , je
ne ferai qu'aller et venir.

AGATHE.

Mais quelle affaire si pressante vous
force d'aller à la ville? Attendez à demain, mon pere , il est déja tard ;
pour peu que l'on vous retienne , vous
reviendrez la nuit : vous savez que je
n'aime pas cela.

THIBAUT.

Il est absolument nécessaire que
j'y aille aujourd'hui ; mais je n'y serai qu'un instant, et la demi-lieue
n'est pas forte. Pendant ce temps ,

tu réfléchiras sur le choix que tu dois faire, et tu me diras, à mon retour, lequel de Firmin ou de Giraut tu choisis pour ton mari.

A G A T H E, tristement.

Jusqu'à ce moment j'étois décidée, mais je ne le suis plus.

T H I B A U T.

Voilà donc la cause de ce chagrin que j'ai remarqué sur ton visage. Je n'osois pas t'en parler, parceque je me souviens que les amoureux n'aiment pas les questions ; mais je me suis douté que tu étois brouillée avec Fir-min.

A G A T H E.

Plût à Dieu que nous fussions brouillés! cela n'empêche pas de s'ai-mer, au contraire.

T H I B A U T.

Ah! si vous n'êtes pas brouillés, il devient plus difficile de vous raccom-moder. Tu as donc beaucoup à te plaindre de Firmin?

AGATHE.

Beaucoup, mon pere, beaucoup.
Firmin n'est plus le même, il n'a plus
le même amour ; et malheureusement ma tendresse pour lui n'en
peut diminuer : je le verrois, je crois,
inconstant, que je l'aimerois encore.
Tout cela me rend bien malheureuse,
et j'aurois grand besoin de conseil.

THIBAUT.

S'il étoit d'usage que les filles fis-
sent cas de ceux de leur pere, je sais
bien ce que je te conseillerois.

AGATHE.

Comme vous n'ordonnez jamais,
on est toujours tenté de faire ce que
vous dites. Voyons donc comment
vous vous conduiriez à ma place.

THIBAUT.

Pour te répondre la-dessus, il fau-
droit savoir précisément ce que tu
reproches à Firmin.

AGATHE.

Ce n'est pas la peine d'entrer dans des détails. Mais supposez que Firmin soit un ingrat, un inconstant, qu'il m'oublie, et qu'il renonce à moi... nous n'en sommes pas là, au moins, il s'en faut; mais supposez pour un moment que j'aie des raisons de croire à l'inconstance de Firmin, vous décideriez-vous, pour le punir, à épouser M. Giraut?

THIBAUT.

Ces sortes de punitions-là, mon enfant, sont toujours pour celui qui les fait : et cela ressembleroit tout justement à notre voisin Gros-Pierre, qui, pour punir les moineaux qui venoient manger ses cerises, abattit son cerisier. A ta place, je n'épouserois point Giraut.

AGATHE.

Ah! que vous êtes de bon conseil, mon pere! je veux suivre aveuglément tous vos avis.

THIBAUT.

Mais je n'épouserois pas non plus Firmin.

AGATHE.

Et pourquoi donc, s'il vous plaît ?

THIBAUT.

Pardi ! parceque tu dis toi-même qu'il est un ingrat, un inconstant, et que....

AGATHE.

Je ne vous ai pas dit cela, mon pere, et je ne l'ai jamais pensé.

THIBAUT.

Non : eh bien, je l'ai pensé pour toi ; j'ai eu une assez longue conversation avec Firmin, et il s'en faut que j'en aie été content.

AGATHE.

Une conversation sur moi ?

THIBAUT.

Sur toi-même. J'ai commencé par l'assurer que son mariage avec toi étoit certain ; il s'est obstiné à me dire

que non ; et il m'a toujours répondu
là-dessus froidement et tristement.

AGATHE.

Tristement, cela peut être ; mais
non pas froidement, j'en suis sûre.

THIBAUT.

Je le veux bien, il m'a répondu tristement. Ensuite je lui ai dit que je
voulois te donner une dot, et alors il
m'a répondu très gaiement, il m'a sau-
té au cou, et n'a plus douté de t'épouser demain. Après cela, je lui ai con-
fié que pour des raisons dont je l'ai
fait juge, je ne pouvois pas payer ta
dot le jour même de ton mariage, et
il est retombé dans ses doutes et dans
sa tristesse. Oh! tout cela m'a paru
clair ; et j'ai conclu ce qu'un autre
auroit conclu à ma place, que Firmin ne t'aime pas.

AGATHE.

Que Firmin ne m'aime pas! Ah
ciel! comment pouvez-vous croire
une pareille chose!

THIBAUT.

C'est-à-dire, il t'aime bien quand
je te donne une dot; mais sans la dot,
il ne se soucie plus de toi.

AGATHE.

Mais vous l'outragez, mon pere;
mais gardez-vous bien de penser un
seul mot de toutes ces calomnies :
et soyez sûr que ceux qui vous l'ont
dit vous ont menti.

THIBAUT.

Tu ne m'entends donc pas? C'est
Firmin lui-même qui me l'a dit.

AGATHE.

C'est égal, mon pere; il a menti.
Je connois Firmin, je connois son
cœur; et c'est le meilleur, le plus no-
ble, le plus tendre de tous les cœurs.
Lui, aimer par intérêt! Eh! depuis
que nous nous connoissons, ne sait-il
pas bien que j'ai un frere? ne sait-il
pas que vous avez toujours déclaré
vouloir me marier sans me donner

de dot? Est-ce qu'il y a seulement songé? Est-ce qu'il nous est venu dans la tête, à l'un ou à l'autre, que nous avions besoin d'argent pour être aimables? Non, mon pere, je vous le répete, vous avez mal entendu, ou il s'est mal expliqué; et Firmin est le plus désintéressé, le plus aimable et le plus honnête des hommes.

THIBAUT.

Voilà ce qui s'appelle bien recevoir un conseil qu'on a demandé! Explique-moi donc à présent comment, d'après cet éloge, tu peux avoir à te plaindre de Firmin.

AGATHE.

Cela n'empêche pas, mon pere. Oui, sans doute, j'ai à m'en plaindre: oui, je suis fâchée contre lui, et fâchée peut-être au point que je ne le prendrai pas pour époux: mais en cessant de l'aimer, en le haïssant même, je ne souffrirai jamais qu'on

le calomnie devant moi ; je le défen-
drai toujours , parceque je sais combien il est estimable.

THIBAUT.

Pourquoi donc es-tu tentée de le
quitter ?

AGATHE.

C'est différent cela , mon pere ;
cela ne regarde que Firmin et moi.
Quand on s'aime, il y a tout plein
de petits torts qui n'existent que pour
les amants. Ils ont raison de s'en pi-
quer, ils ont raison de les punir ; mais
tout autre qu'eux n'a pas le droit de
juger ces torts-là.

THIBAUT.

C'est pour cela que je te laisse seul
juge entre Firmin et Giraut. Tu m'as
demandé conseil , je t'ai dit mon a-
vis ; tu feras à ta tête : c'est toujours
ainsi que cela se pratique ; et je ne
t'en sais pas mauvais gré. Il se fait
tard, je vais me mettre en route.

2.   15

AGATHE, l'arrêtant.

Tout ce que vous m'avez dit de
cette dot, et de la joie et de la tristesse de Firmin, me donne un soup-
çon que je veux éclaircir; et pour
m'en réserver les moyens, je vais dès
ce pas parler à ma marraine. Adieu,
mon pere; revenez de bonne heure,
je vous le recommande, et embras-
sez mon frere pour moi.

(Elle sort.)

SCENE II.

THIBAUT, seul.

ELLE est toujours folle de son Firmin, et je suis sûr qu'elle l'épousera.
A la bonne heure! Moi-même j'ai ap-
prouvé son choix jusqu'à la conversation de ce matin... Et peut-être me
suis-je trompé, peut-être me suis-je
pressé de juger trop sévèrement Fir-

min. A mon âge on est défiant ; et
dès que l'on est vieux, on croit faci-
lement le mal. Au fait, c'est pour
elle que ma fille se marie ; il est plus
important que son mari lui plaise
qu'à moi. Je lui ai dit ce que je de-
vois lui dire : elle n'est pas de mon
avis ; c'est à son pere d'être du sien...
Voici Firmin, évitons-le, et allons au
secours de mon pauvre fils.

(Il va pour sortir.)

SCENE III.

MARCELLE, FIRMIN, THIBAUT.

(Firmin arrive donnant le bras à sa mere ; il voit
sortir M. Thibaut, il le rappelle.)

FIRMIN.

Monsieur Thibaut! monsieur Thibaut!...

THIBAUT, s'en allant.

Je n'ai pas le temps ; je suis pressé.

(Il sort.)

SCENE IV.

MARCELLE, FIRMIN.

FIRMIN, à part.

Il est fâché contre moi. Tout se réunit pour m'accabler.

MARCELLE.

Plus j'y pense, mon cher ami, plus je suis étonnée de la bonne nouvelle que tu es venu m'annoncer. Comment est-il possible que M. Giraut se soit montré généreux?

FIRMIN.

C'est un bonheur qui m'a étonné moi-même. Mais il s'agissoit de vous, de votre repos, de votre liberté; et ma tendresse, ma crainte, ma douleur, m'ont fait si bien parler, m'ont rendu si pressant, que M. Giraut n'a pu résister. Nous sommes convenus

de quelques arrangements qui l'ont
satisfait, et il ne doit pas tarder à vous
apporter votre quittance.

MARCELLE.

La joie que j'éprouve, mon cher
fils, est doublée par le plaisir de t'en
avoir l'obligation, et je te la dois toute
entiere. Sans toi, sans toi seul, je per-
dois ma liberté; et, je ne crains pas
de te l'avouer à présent que le péril
est passé, j'aurois aussi perdu la vie.
Car je n'aurois jamais consenti que
tu me suivisses en prison; et tu juges
bien qu'à mon âge, accablée comme
je le suis par les ans, par les infirmités, je n'aurois pu supporter une prison où je n'aurois plus vu mon fils.
Non, mon enfant, je serois morte à
l'instant où l'on nous auroit séparés.
Et c'est toi qui m'as sauvée! C'est à
toi que je dois la vie! Je sens qu'elle
m'en est plus chere; je sens que j'aurai du plaisir à te dire tous les ma-

15.

tins : Je te dois encore ce jour-ci , et
je vais l'employer à t'aimer.

FIRMIN.

Ah ! ma mere , quelle douce satisfaction vous me faites éprouver ! quel
calme vous portez dans mon ame ! Je
n'ai rempli que mon devoir; mais votre reconnoissance , votre tendresse,
votre amour, me prouvent qu'aucun
bien au monde ne peut valoir le bonheur de servir et d'aimer sa mere.

MARCELLE.

Explique-moi, je te prie , comment tu as pu venir à bout d'une
chose si difficile, et quels sont les arrangements que tu as faits avec Giraut.

FIRMIN.

N'en parlons plus , je vous en prie.
Cette malheureuse histoire nous a
donné assez de chagrin. Oublions-la,
je vous le demande. Giraut est content , vous êtes tranquille ; tout le
reste est inutile à savoir,

MARCELLE.

Tu redoubles mes alarmes, en refusant de m'expliquer les conven-
tions que tu as faites. Je connois ta
tendresse, mon fils ; je suis sûre que
tu t'es engagé pour moi, et que par
la suite... Si je le croyois, vois-tu,
j'irois tout à l'heure...

FIRMIN.

Écoutez, ma mere, vous savez bien
que je ne vous ai jamais menti ; eh
bien, je vous proteste, je vous jure
que tous les engagements que j'ai pris
avec Giraut sont remplis, que jamais
Giraut ne pourra rien me demander,
que je ne cours pas le moindre péril,
et qu'il est impossible que je devienne
jamais plus malheureux... que je ne
le suis. (Il pleure, et cache ses larmes.)

MARCELLE.

Mais d'où vient donc cette tristesse
que tu veux en vain me cacher, et
que je lis malgré toi sur ton visage?

FIRMIN, *essuyant ses pleurs.*

Moi, ma mere, je ne suis point triste.

MARCELLE, *le regardant.*

Tu n'es pas triste?

FIRMIN, *s'efforçant de sourire.*

Au contraire, je vous ai sauvée, je suis trop heureux.

(Il fond en larmes.)

MARCELLE.

Tu es heureux, et tu pleures! Tu pleures, mon fils, mon cher fils! Ah! tu me caches quelque malheur! tu me trompes, j'en suis certaine. Mon fils, mon cher enfant, je te supplie, au nom du ciel, au nom de ma tendresse, dis-moi la cause de ton chagrin, dis-la moi, Firmin; je suis si pressée de m'affliger avec toi! Eh! quoi? tu ne me réponds pas? j'ai donc perdu ta confiance. Si cela est, re-prends tes bienfaits, j'aime mieux y renoncer; j'aime mieux aller en pri-

son, que de ne pas partager la moindre douleur de mon fils.

FIRMIN.

Ma mere, c'est vous seule, c'est
votre tendresse qui me fait pleurer.
Je n'ai point de chagrin, je vous assure; et...

MARCELLE.

Tu ne sais pas mentir, Firmin, et
c'est en vain que tu l'essaies : songe
que mon cœur parle toujours au tien,
et que ces deux cœurs-là ne peuvent
se tromper.

FIRMIN.

Eh bien, ma mere, je vais tout
vous dire.... (à part.) Cachons-lui du
moins ce qui l'intéresse.

MARCELLE.

Eh bien?

FIRMIN.

Eh bien..... Je suis brouillé avec
Agathe : voilà la cause de mon chagrin.

MARCELLE.

Je respire ; c'est un malheur qui
pourra se réparer.

FIRMIN.

Non, ma mere, c'est fini ; je ne la
reverrai jamais, jamais.

MARCELLE.

Jamais, en langage d'amoureux,
signifie dans un quart d'heure. Dis-
moi seulement si c'est toi qui as tort.

FIRMIN.

Oui, ma mere, c'est moi qui ai
tout le tort.

MARCELLE.

Tant mieux ; cela se raccommo-
dera plus vîte, et ce sera moi qui
m'en chargerai. Je vais aller trouver
Agathe, je vais lui demander pardon
pour toi ; lui dire que tu l'adores ; lui
peindre...

FIRMIN.

Que dites-vous, ma mere? vous voulez...

MARCELLE.

Oui, je veux te rendre au bonheur;
sois tranquille, je te réponds d'ap-
paiser Agathe. Est-ce que tu crois que
je ne connois pas toutes ces petites
querelles? Je m'en souviens encore,
mon ami, et je veux employer pour
toi toute l'expérience qu'une vieille
femme a toujours là-dessus. Laisse-
moi, laisse-moi aller parler à Agathe,
j'aurai du plaisir à m'acquitter en par-
tie de tout ce que je te dois; tu as arrangé mes affaires avec Giraut, je vais
arranger les tiennes avec Agathe :
attends-moi, je ne tarderai pas.

(Elle veut sortir, Firmin la retient.)

FIRMIN.

Arrêtez, ma mere, arrêtez: gardez-
vous bien d'aller rien dire à Agathe,
vous me causeriez la plus mortelle
douleur. Agathe ne m'aime plus,
puisqu'il faut vous le dire : Agathe
me préfere un rival; ce soir même

elle doit l'épouser. Je ne veux de ma
vie revoir Agathe, je souffre même
d'en parler; et si vous vouliez me faire
plaisir, nous changerions de conversation.

MARCELLE.

Et tu me disois que c'étoit toi qui
avois tort?

FIRMIN.

Eh oui, ma mere, j'ai eu tort dans
le principe... et ensuite... il est arrivé... Mais au nom du ciel, ne parlons plus de tout cela, vous me faites souffrir le martyre.

MARCELLE.

Eh bien, mon fils, pardon, pardon, je ne t'en dirai plus rien, je ne
t'en parlerai plus... Hélas! mon dieu!
qui l'auroit cru de cette petite Agathe, qui avoit l'air de t'aimer tant,
qui me disoit encore hier que, si tu
changeois jamais, elle étoit sûre d'en
mourir?.. Pardon, encore une fois,

ne te fâche pas, mon ami, ne te fâche pas, voilà qui est dit ; mais je ne puis m'empêcher de pleurer, en songeant que cette perfide..... Allons, allons, voilà qui est fini, je ne parlerai plus de rien.

FIRMIN.

Pardonnez-moi, ma mere, il faut me parler de vous ; il faut me dire, pour me consoler, que vous m'aimez, que vous êtes heureuse, que votre tendresse me rendra tout ce que je perds dans celle d'Agathe ; il faut m'entretenir de ma mere, voilà le moyen de me faire oublier mes maux.

MARCELLE.

Pauvre enfant ! Eh ! que te dirois-je que tu ne saches pas déja ? Plût à Dieu que je pusse te rendre tout ce que tu as perdu ! Je n'en désespere pas encore ; et malgré ta résistance, je veux tout à l'heure aller trouver

Agathe. Je suis sûre de la ramener à toi. Laisse-moi, laisse-moi sortir.

(Elle fait des efforts pour s'en aller.)

FIRMIN.

Non, ma mere, non, je ne le souffrirai pas. D'ailleurs, voici l'instant où M. Giraut doit vous porter sa quittance; il faut que vous y soyiez pour la recevoir.

MARCELLE.

Que me font M. Giraut et sa quittance, et tout ce qui ne regarde que moi? c'est ton bonheur qui peut me rendre heureuse, et je veux aller essayer...

FIRMIN.

Voici M. Giraut. Ma mere, au nom du ciel, ne parlez de rien de ce que je viens de vous dire; vous me mettriez au désespoir.

SCENE V.

MARCELLE, FIRMIN, GIRAUT.

GIRAUT, bas à Firmin.

JE suis de parole, comme vous voyez. Bon jour, madame Marcelle : votre fils vous a dit sans doute que nous nous étions arrangés.

MARCELLE.

Oui, monsieur Giraut : mais il n'a jamais voulu me dire quels moyens vous avez pris ensemble ; et je vous avoue que cela m'inquiete.

GIRAUT.

Allez, allez, madame Marcelle, ne soyez inquiete de rien ; pour vous prouver que jamais je ne veux revenir là-dessus, je vous apporte votre billet. (à Firmin à part.) Vous voyez jusqu'à quel point je compte sur votre parole.

FIRMIN.

Jamais je n'y ai manqué.

GIRAUT.

Le voilà, madame Marcelle.

(Il le lui donne.)

MARCELLE.

Mais je vous demande en grace, monsieur Giraut, de m'expliquer à quelles conditions mon fils l'a pu obtenir de vous.

GIRAUT.

A quelles conditions?

(Il regarde Firmin.)

FIRMIN, bas à Giraut.

Inventez quelque moyen, et cachez-lui le véritable.

GIRAUT.

Tenez, madame Marcelle, il ne faut pas vous tromper : votre fils et moi, en nous promenant, nous avions trouvé un trésor, sur lequel chacun de nous avoit des droits. Firmin me cede ses droits sur le trésor;

et pour le posséder tout seul, je lui
ai remis votre créance.

MARCELLE.

Tout cela ne me paroît pas clair;
et j'ai de la peine à prendre ce billet,
tant que je ne sais pas précisément...

SCENE VI.

FIRMIN, GIRAUT, MARCELLE,
AGATHE, THIBAUT.

AGATHE.

Bon jour, madame Marcelle: vous
nous permettrez bien, à mon pere et
à moi, de venir demander à votre fils
une derniere explication nécessaire
à mon repos, et d'après laquelle je
dois décider mon mariage. Vous savez peut-être ce qui s'est passé.

MARCELLE.

Oui, je le sais, je le sais, made-

16.

moiselle; et je ne conçois pas comment, après l'avoir trahi, après avoir
manqué à toutes les promesses, à
tous les serments que vous lui aviez
faits, vous venez jusques chez lui
faire parade de votre inconstance, et
chercher de mauvaises raisons pour
répéter que vous ne l'aimez plus.

AGATHE.

Que je ne l'aime plus! ô ciel! Et
c'est lui qui me l'a dit; c'est lui qui
m'a déclaré qu'il renonçoit à ma
main, qu'il ne vouloit plus de mon
cœur; c'est lui qui, sans raison, sans
sujet, sans brouillerie, est venu me
rendre ma foi, et a eu le courage et
la cruauté de me dire que son amour
pour moi étoit passé. Mais je ne l'ai
pas cru lui-même; et c'est la premiere
fois que j'ai douté de ce que Firmin
m'a dit. (Firmin veut parler.) Oui, Firmin, vous avez menti, j'en suis sûre;
et il faut qu'un puissant motif vous

ait forcé à ce mensonge; il faut que,
par une cause inconnue que je ne
puis pénétrer, Firmin, le fidele Firmin, qui m'a toujours aimée et qui
m'adore plus que jamais, se soit vu
obligé de dire qu'il renonçoit à son
Agathe. Ce qui me le prouveroit,
quand mon cœur ne me le diroit pas,
c'est que connoissant mon mépris
pour l'amour de M. Giraut, il m'a
conseillé de l'épouser.

MARCELLE, vivement.

Giraut vous aime, et mon fils vous
conseille de l'épouser! Ah, ma fille!
ce seul mot m'éclaire, et je vais t'expliquer tout ceci. Je dois mille écus
à M. Giraut: il falloit les payer aujourd'hui, ou être arrêtée. Mon fils
a sacrifié sa maîtresse à sa mere; je
suis sûre que, pour me sauver, pour
obtenir la quittance des mille écus,
mon fils a cédé ton cœur; j'en suis
certaine, le mien me le dit. Viens,

mon enfant, mon cher enfant, viens te jetter dans mes bras. Eh! crois-tu que j'accepte tes dons? Mon fils, mon cher fils, depuis quand penses-tu que tu ne m'es pas plus cher que moi-même? Monsieur Giraut, voilà votre quittance, faites tout ce que vous voudrez.

A G A T H E, *prenant le papier.*

Que je suis heureuse! et que je lui sais gré de tout ce qu'il m'a fait souffrir! Firmin, dès ce moment, je vous aime cent fois plus que je ne vous aimois; et recevez ici le serment que je vous fais, devant M. Giraut, de vous adorer jusqu'à mon dernier soupir.

G I R A U T.

Tout cela est charmant. Mais il me faut mon billet ou mon argent.

A G A T H E.

J'espere que je vais tout arranger. Lorsque Firmin m'a dit en pleurant

qu'il ne m'aimoit plus, je me suis
bien doutée que vous étiez pour quelque chose dans cet affreux mystere;
et sans pouvoir le pénétrer, j'ai été
me jetter aux pieds de madame la
comtesse, ma marraine. Je savois que
c'est aujourd'hui que devoit se faire
l'adjudication de sa ferme; je la lui ai
demandée pour moi-même, et je l'ai
obtenue.

GIRAUT.

Comment?

AGATHE.

Oui, monsieur Giraut, c'est moi
qui suis fermiere de madame la comtesse.

GIRAUT.

Mais je ne pressois tant madame
Marcelle pour les mille écus qu'elle
me doit, qu'afin de les donner à l'in-
tendant de madame, pour qu'il me
fît continuer mon bail.

AGATHE.

Eh bien, donnez-les moi, je vous
cede le mien. Madame Marcelle sera
quitte avec vous, vous resterez fermier, j'épouserai Firmin, et tout le
monde sera content.

THIBAUT.

Non, tout le monde ne le seroit
pas. Je vous écoute tous, et je vous
admire: chacun de vous fait son devoir, heureusement je puis faire le
mien aussi. Voici quatre mille francs
que je t'avois destinés, ma fille, et
qu'un malheur affreux arrivé à ton
frere me forçoit de lui porter aujour-
d'hui. Firmin étoit dans mon secret.
Comme j'allois à la ville, j'ai trouvé
mon fils en chemin qui venoit m'instruire que son voleur étoit pris, et
l'argent restitué. Je t'ai bien vîte rap-
porté le tien. Voilà ta dot, ma fille,
paie lui son billet, garde ta ferme,
et qu'il demeure puni de l'infâme

marché qu'il avoit fait avec Firmin.

A G A T H E.

Mon pere, c'est à vous de régler tout cela, c'est à vous de le punir; car pour moi, je ne puis en vouloir à M. Giraut, et je lui pardonne de tout mon cœur d'avoir rendu mon amant le plus vertueux et le plus aimable de tous les hommes.

T H I B A U T, à Giraut.

Tenez, monsieur, payez-vous.

G I R A U T, prenant l'argent.

Cela n'est pas si pressé; mais enfin... je suis charmé que tout ceci ait tourné à la satisfaction de tout le monde. S'il faut vous avouer la vérité... c'étoit une petite épreuve à laquelle j'ai voulu mettre la vertu de ces deux jeunes époux, qui sont tout à fait intéressants. (Il s'en va.)

T H I B A U T.

N'oubliez pas de me rapporter mon reste; et vous, mes enfants, venez tous, venez chez moi, où mon fils semble être arrivé exprès pour assister à vos noces.

FIRMIN.

Ah ! monsieur Thibaut, ma chere Agathe, et vous, ma bonne mere, j'éprouve une joie, un bonheur que tous mes chagrins n'ont pas trop payé.

MARCELLE.

Sois heureux, mon fils, sois heureux, tu le mérites si bien ! Puisses-tu être récompensé de ta vertu par un fils qui te ressemble !

FIN.

MYRTIL ET CHLOÉ,

PASTORALE.

A M. GESSNER.

Mon maître et mon ami,

Je desirois depuis long-temps de vous dédier un ouvrage. Pour être sûr qu'il eût un mérite, j'en ai pris le sujet dans les vôtres : j'ai fait un petit drame d'une de vos idylles. Je n'ai pu y mettre votre grace ni votre douceur ; mais

que m'importent des défauts que votre indulgence ne verra point? Le pu-
blic, qui n'est pas bon comme vous,
les verra: pour le dédommager, je lui
fais relire votre idylle, en la plaçant
à la tête de mon petit drame. Elle y
gagnera; tant mieux. N'ai-je pas assez gagné, moi, en vous donnant un
témoignage de mon respect, en osant
vous appeller mon ami? D'ailleurs,
puis-je égaler mon maître?

Je suis, avec un attachement égal à
mon admiration,

votre très humble et très
obéissant serviteur,
FLORIAN.

MYRTIL ET CHLOÉ,

IDYLLE

DE M. GESSNER.

De grand matin Myrtil, sortant de la cabane, trouva Chloé, sa plus jeune sœur, occupée à tresser des guirlandes de fleurs. La rosée brilloit sur toutes les fleurs, et à la rosée se mêloient les larmes de la petite Chloé.

MYRTIL.

Chere Chloé, que veux-tu faire de ces guirlandes? Hélas! tu pleures.

CHLOÉ.

Et ne pleures-tu pas toi-même, cher Myrtil? Mais, qui ne pleureroit comme nous? L'as-tu vue, notre mere? dans quelle tristesse elle est plongée! comme, avant de nous quitter, elle pressa nos mains dans

les siennes , en détournant de nous
ses yeux baignés de larmes!

MYRTIL.

Je l'ai vue comme toi. Hélas! notre
pere! sans doute il est plus mal encore qu'il n'étoit hier.

CHLOÉ.

Ah, mon frere! s'il doit mourir!
Comme il nous aime, comme il nous
embrasse , lorsque nous faisons ce
qu'il aime, ce qui plaît aux dieux!

MYRTIL.

Ô ma sœur! comme tout est triste!
En vain mon agneau vient me cares-
ser; j'oublie presque de lui donner à
manger. En vain mon ramier voltige
sur mes épaules, et cherche à me
becqueter les levres et le menton;
rien, non rien ne sauroit me rappeller à la joie. Ô mon pere! si tu meurs,
je veux mourir aussi.

CHLOÉ.

Hélas! il t'en souvient; ce bon

pere, il y a cinq jours qu'il nous prit tous deux sur ses genoux et qu'il se mit à pleurer.

MYRTIL.

Oui, Chloé, il m'en souvient. Comme il nous remit à terre, comme il devint pâle! Je ne peux plus vous tenir, mes enfants ; je me trouve mal.... très mal. A ces mots, il se traîna dans son lit. Depuis ce jour, il est malade.

CHLOÉ.

Et depuis ce jour son mal a toujours augmenté. Écoute, mon frere, quel est mon dessein. Dès l'aube du jour je suis sortie de la cabane pour cueillir des fleurs nouvelles, et pour en faire ces guirlandes. Je vais les porter au pied de la statue de Pan. Notre mere ne dit-elle pas toujours que les dieux sont bons, que les dieux aiment à exaucer les vœux de l'inno-cence? J'irai, j'offrirai ces guirlandes au dieu Pan. Et vois-tu dans cette cage tout ce que j'ai de plus cher, mon petit oiseau? Eh bien, je veux l'immoler encore au dieu.

MYRTIL.

Ô ma chere sœur! je veux aller avec toi... Je te prie, attends un instant. Je vais chercher ma corbeille, elle est pleine des plus beaux fruits; et mon ramier, je veux aussi l'immoler au dieu Pan.

Il courut, et fut bientôt de retour. Alors ils allerent ensemble au pied de la statue. Elle étoit située non loin de là, sur une colline, au milieu des sapins les plus touffus. Là, s'étant mis à genoux, ils invoquerent ainsi le dieu des champs:

CHLOÉ.

Ô Pan! protecteur de nos hameaux, écoute favorablement nos prieres, reçois nos foibles offrandes. C'est tout

ce que des enfants peuvent t'offrir.
Je pose ces guirlandes à tes pieds; si
je pouvois atteindre plus haut, j'en
voudrois couronner ton front, j'en
voudrois ceindre tes épaules. Sauve,
ô Pan! sauve notre pere, rends-le à
ses pauvres enfants!

MYRTIL.

Je t'apporte ces fruits; ce sont les
plus beaux que j'aie pu cueillir dans
nos vergers: reçois-les favorablement.
Je t'aurois sacrifié la plus belle che-
vre du troupeau; mais elle auroit été
plus forte que moi. Quand je serai
plus grand, je t'en sacrifierai deux
toutes les années, pour avoir rendu
notre pere à nos vœux. Rends, ô dieu
secourable! rends la santé au meilleur
des peres!

CHLOÉ.

Je vais t'immoler cet oiseau, ô dieu
secourable! c'est tout ce que j'ai de
plus cher. Regarde, il vole sur ma

main pour me demander sa nourriture; mais je veux, ô Pan! je veux te l'immoler.

M Y R T I L.

Et moi, je vais t'immoler ce ramier. Il se joue, il me caresse; mais je veux, ô Pan! je veux te l'immoler, pour que tu nous rendes notre pere. Exauce, ô Pan! exauce nos vœux!

Déja leurs petites mains tremblantes saisissoient les victimes, lorsqu'une voix se fit entendre: Les dieux aiment à exaucer les vœux de l'innocence: aimables enfants, n'immolez point ce qui fait vos délices, votre pere est rendu à la vie.

Et Ménalque recouvra la santé. Heureux de la piété de ses enfants, il alla ce jour même, avec toute sa famille, offrir un sacrifice au dieu. Il vécut comblé de bénédictions, et vit les enfants de ses enfants.

N. B. C'est de cette charmante idylle qu'on a tiré le sujet de la pastorale suivante. Mais, comme il n'est jamais permis de copier, on y a fait plusieurs changemens, dont le plus considérable est de n'avoir pas rendu Myrtil et Chloé frere et sœur.

PERSONNAGES.

MYRTIL, berger, âgé de 13 ans.

CHLOÉ, bergere du même hameau, âgée de 12 ans.

LISIS, prêtre de l'Amour, âgé de 14 ans.

Un plus jeune PRÊTRE, suivant de Lisis.

en sacrifiant tout a son devoir on arrive
toujours au bonheur.

MYRTIL ET CHLOÉ,

PASTORALE.

Le théâtre représente un bocage ; le temple de l'Amour se voit dans le fond. L'aurore commence à paroître. Myrtil et Chloé entrent par les deux côtés opposés. Myrtil porte dans ses mains un nid de tourterelles ; Chloé une houlette garnie de fleurs.

SCENE PREMIERE.

MYRTIL, CHLOÉ.

MYRTIL.

Quoi ! ma bonne amie, vous êtes déja levée ! Eh ! où allez-vous si matin ?

CHLOÉ.

J'allois vous chercher, mon bon ami. Il y a bien long-temps que nous nous sommes quittés hier au soir.

MYRTIL.

Ah , la belle houlette ! je ne vous
l'avois jamais vue. Qui vous l'a donnée, Chloé?

CHLOÉ.

C'est un secret , Myrtil. Ah , les
jolis oiseaux ! vous ne m'aviez pas en-
seigné leur nid. A qui les donnerez-
vous , Myrtil?

MYRTIL.

C'est un secret, Chloé.

CHLOÉ.

Vous regardez bien cette houlette!

MYRTIL.

Vous regardez bien ces tourterelles !

CHLOÉ.

Allons, mon ami, je vais tout vous
dire.

MYRTIL.

Moi, je ne vous cacherai rien.

CHLOÉ.

C'est pour vous.

MYRTIL.

C'est pour vous.

CHLOÉ.

Depuis plus d'un mois, je travaille
en cachette à découper, avec mon
couteau, l'écorce de cette houlette.
Le bois est bien dur, ma main est
bien foible; et comme je travaillois
pour vous, je n'ai jamais voulu que
personne m'aidât. Voilà pourquoi,
mon ami, l'ouvrage a été si long.
Et puis, c'est que j'ai gravé tout au
haut de la houlette la premiere lettre
de votre nom : c'est la seule que je
sache écrire. Hier au soir, tout a été
fini ; je n'ai pas dormi de plaisir. Dès
que le chant de l'alouette m'a aver-
tie qu'il faisoit jour, je me suis levée, j'ai cueilli des fleurs pour en or-
ner la houlette ; j'allois la poser à la
porte de votre cabane, et me cacher parmi les églantiers qui sont tout
près. Mais j'ai beau me lever matin,

Myrtil est plus matinal; j'ai beau vouloir lui cacher quelque chose, il sait
toujours mes secrets aussitôt que
moi.

MYRTIL.

Et moi, depuis plus de quinze
jours, j'ai découvert ce nid de tourterelles dans le petit bois de la colline. Mais les tourterelles l'avoient
placé tout au haut d'un jeune chêne
dont la tige étoit trop foible pour me
porter. Je ne pouvois pas y monter,
je ne pouvois m'aider d'aucun arbre
voisin, et je risquois, en pliant le
jeune chêne, ou de le casser, ou d'ef-
frayer les tourterelles, ou de faire
tomber les petits.

CHLOÉ.

Comment avez-vous donc fait,
mon ami?

MYRTIL.

J'ai attaché le bout de ma fronde
à la tige du jeune chêne, aussi haut

que mes deux mains ont pu atteindre ; ensuite , j'ai noué l'autre bout à
la racine d'un arbre voisin , et chaque jour j'allois resserrer le nœud en
raccourcissant le lien ; chaque jour
insensiblement le nid s'est approché
de moi , sans que l'arbre ait cassé ,
sans que les tourterelles s'en soient
apperçues. Pendant ce temps , les petits ont grandi , et mon espérance avec
eux. Enfin , ce matin , le nid est arrivé à la hauteur de mon visage , et j'ai
vu les deux tourtereaux qui ouvroient
le bec , en croyant que j'étois leur
mere. J'ai vîte enlevé le nid ; j'allois
le poser à la porte de votre cabane ,
sur ce petit lilas que nous plantâmes
ensemble il y a un an. Mais je ne
peux jamais réussir à vous surpren-
dre, Chloé ; et comme je vous cherche toujours, je vous rencontre par-
tout.

18.

CHLOÉ.

Eh bien, mon ami, faisons tout comme si nos projets avoient réussi. Prenez cette houlette, et donnez-moi vos tourterelles.

(Myrtil donne les oiseaux, et reçoit la houlette.)

MYRTIL, regardant la houlette.

Ah! qu'elle est belle, Chloé! tous les bergers vont me l'envier; et moi je leur dirai : Vous l'envieriez bien davantage, si vous saviez qui me l'a donnée.

CHLOÉ, caressant les tourterelles.

Vos tourterelles sont charmantes, mon ami; elles sont blanches comme ces lis que vous me donnâtes l'autre jour, et elles sont douces comme vous.

MYRTIL.

Ma bonne amie, promettez-moi que vous les garderez toujours.

CHLOÉ.

Oh! de tout mon cœur! Mais il faut

me promettre aussi que vous ne quit-
terez jamais ma houlette.

MYRTIL.

Écoutez : voilà le temple de l'A-
mour ; venez y recevoir ma promesse,
et me donner la vôtre.

CHLOÉ.

Non, Myrtil ; ma mere m'a défen-
du d'entrer dans ce temple, à moins
qu'elle ne m'y conduisît. Je ne veux
point désobéir à ma mere.

MYRTIL.

Vous avez raison, Chloé ; j'aimerois
mieux mourir aussi que de déplaire
à mon pere. Mais ; sans entrer dans
le temple, nous pouvons nous mettre
à genoux ici, et nous jurer devant
l'Amour, qui nous entendra bien de
là-bas, que jamais ces doux présents
ne sortiront de nos mains.

CHLOÉ.

Je le veux bien : mais il ne faut
pas jurer ; nous ne sommes pas assez

grands pour cela. Promettons, c'est
assez pour que nous soyons tran-
quilles.

MYRTIL.

A la bonne heure. Écoutez-moi
bien, Chloé; puis vous direz comme
moi.

CHLOÉ.

Peut-être.

(Myrtil se met à genoux, en se tournant un peu
vers le temple de l'Amour.)

MYRTIL.

Tendre Amour, roi de la nature,
(bas à Chloé) c'est comme cela qu'il
s'appelle, (haut.) rendez Myrtil le plus
infortuné des bergers, s'il quitte un
seul moment cette belle houlette. Je
suis encore trop enfant pour posséder un troupeau, cette houlette est
mon seul trésor; quand je serai grand,
mon pere m'a promis douze chevres,
cette houlette les conduira; et quand
je serai vieux comme mon pere,

cette houlette soutiendra mes pas.
Ainsi, enfant, jeune, et vieillard, cette
houlette sera toujours ce que j'aurai
de plus cher.

(Chloé se met à genoux, en se tournant un peu
vers le temple de l'Amour.)

CHLOÉ.

Amour, dieu qu'il faut craindre,
(bas à Myrtil.) ma mere me l'a dit ainsi,
(haut.) faites tomber votre courroux
sur la malheureuse Chloé, si je me
sépare jamais volontairement de ces
deux oiseaux que m'a donnés Myrtil.
Je promets d'en avoir soin, comme
s'ils étoient à ma mere. Elles sont jeunes, ces tourterelles; je suis jeune
aussi : nous vieillirons ensemble, elles
en s'aimant toujours, moi en aimant
toujours Myrtil.

MYRTIL.

Je vous remercie, ma chere Chloé.
A présent, nous voilà bien sûrs.....
Mais je vois venir Lisis, le prêtre de

l'Amour. Comme il est triste! il vient sans doute nous annoncer quelque malheur.

SCENE II.

MYRTIL, CHLOÉ, LISIS,

UN PRÊTRE DE L'AMOUR.

LISIS.

Oui, mon cher Myrtil, et je pleure moi-même de la triste nouvelle que je viens vous annoncer.

MYRTIL.

Ah! Lisis, vous me faites trembler! Est-ce un malheur qui regarde mon pere? Je crains plus pour lui que pour moi.

LISIS.

Votre pere vient de s'éveiller avec une fievre brûlante. Le mal commence à peine, et il est à son comble.

L'infortuné vieillard, affoibli par les années, accablé par la douleur, touche à son dernier moment.

MYRTIL, pleurant.

Ô dieux ! ô dieux ! mon pere va m'être ravi. Malheureux que je suis ! Mon pere souffre, mon pere meurt peut-être ; et je ne l'ai pas embrassé!... Lisis, Chloé, priez l'Amour, priez tous les dieux de me rendre le meilleur des peres ; priez-les de faire tomber sur moi tous les maux qui le font souffrir... Je ne puis rester avec vous, je vais, je cours servir mon pere.

(Il sort.)

SCENE III.

LISIS, CHLOÉ, UN PRÊTRE DE L'AMOUR.

CHLOÉ.

Ah, Lisis! vous que l'Amour a choisi pour être le ministre de son temple, vous par qui ce dieu puissant nous annonce ses volontés, demandez, obtenez de lui la guérison de Ménalque; obtenez que le plus vertueux de nos bergers vive long-temps encore, pour nous enseigner la vertu.

LISIS.

Est-ce l'amour de la vertu qui vous fait prendre un intérêt si tendre au pere de Myrtil?

CHLOÉ.

C'est le plus juste, c'est le plus doux des sentiments : la reconnoissance. Vous ignorez ce que je dois au

bon Ménalque, vous ignorez que,
l'été dernier, un orage épouvantable
détruisit la moisson de ma mere. Le
lendemain de cet orage, ma mere alla
voir son champ; j'étois avec elle, elle
me tenoit par la main. Ma mere re-
gardoit d'un œil fixe tous ces épis
couchés sur la terre, brisés, dépouillés
par la grêle; elle ne prononçoit pas
une plainte, mais de grosses larmes
tomboient de ses yeux, et venoient
couler le long de mon bras. Je les sens
encore, ces larmes. Le vieux Ménalque, le pere de Myrtil, passa par là,
en revenant de son champ qui n'a-
voit pas souffert de l'orage. Il vit ma
mere qui pleuroit, il s'approcha d'elle
d'un air triste, lui prit la main, qu'il
serra en levant les yeux au ciel; puis
il me baisa sur le front, et nous dit
seulement ces paroles : Revenez ici
demain, je vous en prie, revenez.
Nous retournâmes le lendemain, et

nous trouvâmes une moisson liée en gerbes, plus belle que la moisson détruite. Le bon Ménalque avoit passé la nuit, aidé de toute sa famille, à porter dans notre champ la moitié des gerbes du sien.

LISIS.

Je reconnois bien là Ménalque.

CHLOÉ.

Jugez si je dois l'aimer! jugez si, depuis ce jour, ma mere et moi nous nous sommes jamais endormies sans bénir le nom de Ménalque! Ah, Lisis! joignez vos vœux aux miens, allez conjurer l'Amour de me rendre mon bienfaiteur.

LISIS.

Des vœux ne suffisent pas, Chloé; les dieux aiment les sacrifices.

CHLOÉ.

Hélas! je n'ai point de victime: ma mere n'a point de troupeau. Si nous possédions une seule brebis, j'aurois déja couru la chercher.

LISIS.

A qui appartiennent ces deux tourterelles?

CHLOÉ, d'une voix tremblante.

A moi.

LISIS.

Ce sont les oiseaux de l'Amour:
quand je veux obtenir quelque grace
de ce dieu, j'immole deux tourterelles sur son autel.

CHLOÉ.

Quoi! vous pensez qu'en sacrifiant
ces oiseaux, je pourrois obtenir la
santé de Ménalque?

LISIS.

C'est le plus sûr moyen.

CHLOÉ, regardant les tourterelles.

Ô malheureuses tourterelles ! il
vient de vous condamner à la mort.
Hélas ! j'avois espéré, j'avois promis
de ne jamais me séparer de vous: mais
il s'agit du pere de Myrtil, du bienfaiteur de ma mere ; aucune pro-

messe, aucun sentiment, ne peut ba-
lancer la reconnoissance. Pauvres oiseaux, je vous pleure, mais je ne puis
vous sauver.

L I S I S.

Eh bien, êtes-vous décidée?

C H L O É.

Oui, sans doute, je le suis.

L I S I S.

Le mal presse, ne perdons pas un
moment; venez avec moi immoler
ces tourterelles.

C H L O É.

Non, Lisis, non : épargnez-moi ce
spectacle; il est trop affreux pour
moi. Voilà mes tourterelles, je vous
les livre: tuez-les, puisque leur mort
peut sauver Ménalque; mais permet-
tez-moi de n'être pas présente, per-
mettez-moi d'aller pleurer loin de
l'autel..... (Elle pleure.) Si vous saviez
combien ces oiseaux me sont chers,
si vous saviez qui me les a donnés,

et la promesse que j'ai faite.... Mais l'Amour le sait, l'Amour lit dans mon cœur; et plus ce sacrifice est douloureux, plus sans doute il doit être utile au pere de mon ami..... Adieu, Lisis, je vous quitte : je ne puis retenir mes larmes, ma douleur troubleroit vos prieres... Adieu, vous aussi, malheureux oiseaux, vous qui deviez rester toujours... adieu, vous ne souffrirez pas plus que je souffre.

(Elle baise les tourterelles, les remet à Lisis, et sort.)

SCENE IV.

LISIS, LE PRÊTRE DE L'AMOUR.

LISIS.

Ô VERTUEUSE Chloé ! que ta mere doit être heureuse ! combien elle doit être fiere d'avoir un enfant comme toi ! Mais j'apperçois Myrtil…. *(au prêtre de l'Amour, en lui remettant les oiseaux.)* Allez m'attendre dans le temple, et préparez le feu sur l'autel. *(Le prêtre de l'Amour sort, et emporte les tourterelles.)*

SCENE V.

LISIS, MYRTIL.

MYRTIL.

JE vous cherchois, Lisis : prenez part à ma joie, j'entrevois un rayon d'espérance. Mon pere, mon pere nous sera peut-être rendu.

LISIS.

Ah! plût au ciel! Et par quel prodige?

MYRTIL.

Il n'avoit plus qu'un souffle de vie, quand je suis arrivé près de lui. Mes freres, à genoux autour de son lit,

levoient leurs mains au ciel, et pleuroient. Je cours, je m'élance au milieu d'eux, je me jette au cou de mon
pere.... Ce bon pere ! il s'est rani-
mé, il a rappellé ses forces pour me
serrer contre son cœur : Tu me man-
quois, m'a-t-il dit en s'efforçant de
sourire ; j'étois fâché de mourir sans
t'avoir dit mon dernier adieu. Je n'ai
pu lui répondre, je n'ai pu que le
presser en sanglottant. Mais tout-à-
coup un dieu sans doute m'a inspiré, je me suis souvenu de vous a-
voir entendu dire qu'au sommet de
la grande montagne habitoit un vieux
berger nommé Lamon , qui passe
pour avoir appris d'Apollon même
l'art de guérir tous les maux.

LISIS.

Je ne sais s'il vit encore.

MYRTIL.

Je me suis arraché des bras de mon
pere , j'ai pris ma course ; et, sans

m'arrêter, j'ai monté la grande montagne. J'ai cherché, j'ai appellé Lamon, j'ai parcouru dans un instant tous les lieux où je pouvois le rencontrer. Je l'ai vu enfin, je l'ai vu assis au pied d'un chêne, occupé d'examiner les simples qu'il avoit cueillis. Je me suis précipité à ses pieds : Sauve mon pere, lui ai-je dit; mon pere va mourir, viens le rendre à la vie. Je te donnerai tout ce que j'aurai jamais. A présent je ne possede rien, mais je serai riche un jour, et tout mon bien t'appartiendra. En parlant ainsi, j'avois saisi sa main, et je l'entraînois vers notre chaumiere. Mon enfant, m'a-t-il répondu en marchant le plus vîte qu'il pouvoit, je n'ai pas besoin d'acquérir du bien, et mon cœur a besoin d'en faire. J'essaierai de guérir ton pere; et si mon maître Apollon m'accorde encore ce succès, je ne veux recevoir d'autre don de toi que celui de ta houlette; c'est la plus belle que j'aie vue: je l'appendrai, en action de graces, à un vieux laurier que j'ai consacré à Apollon.

LISIS.

Lamon est toujours le même: sa piété envers les dieux égale seule sa générosité.

MYRTIL.

Hélas! en demandant ma houlette, il m'a demandé mon plus cher trésor. C'étoit un don de ma bergere : j'avois juré de mourir, plutôt que de m'en séparer. Mais mon serment, et ma houlette, et ma bergere elle-même, ne me sont pas si chers que mon pere. J'ai dévoré mes larmes, j'ai affecté de sourire; et quoiqu'il m'eût été plus doux de donner à Lamon dix ans de ma vie, j'ai remis ma houlette dans ses mains.

LISIS.

Eh bien, Lamon guérira-t-il Ménalque?

MYRTIL.

Il l'a vu, il l'a interrogé, l'a exami-
né long-temps, et a gardé un profond silence. Mes freres et moi nous
avions les yeux fixés sur Lamon :
notre salut ou notre perte dépendoit
du mot qu'il alloit prononcer. Enfin
il nous a dit : Espérez, je crois pouvoir guérir votre pere. A cette parole, nous sommes tous tombés à ses
genoux, et nous l'avons adoré comme
un dieu. Lamon pleuroit; il nous a
relevés, nous a fait sortir de la cabane, où il est seul avec mon pere.
J'ai profité de ce moment, Lisis, pour
venir vous annoncer notre bonheur,
pour venir vous demander d'intéresser les dieux au succès.

LISIS.

Oui, je cours les implorer, je vais

achever un sacrifice, qui vous fera
verser des larmes de reconnoissance,
quand vous saurez qui l'a offert.

(Il sort.)

MYRTIL.

Ah! je vous suis, Lisis..... Mais
voici Chloé, je veux l'instruire de
mon bonheur.

SCENE VI.

MYRTIL, CHLOÉ.

CHLOÉ.

Je sais tout, mon ami, je viens de
chez votre pere; j'ai vu Lamon, je
lui ai parlé, il espere de plus en plus.

MYRTIL.

Ah! mon amie, ma chere Chloé!
en m'apprenant cette heureuse nouvelle, vous me la rendez encore plus
douce.

CHLOÉ.

C'est vous qui avez pensé à Lamon, c'est vous qui avez été le chercher sur la grande montagne. Vos freres pleuroient votre pere ; vous, Myrtil, vous l'avez sauvé. Aussi mon cœur fait-il tous ses efforts pour vous aimer davantage ; j'ai bien peur qu'il ne le puisse pas... Mais où est donc votre houlette ?

MYRTIL, les yeux baissés.

Ma houlette ?

CHLOÉ.

Vous l'avez perdue ?

MYRTIL.

Non.

CHLOÉ.

Vous l'avez donnée ?

MYRTIL.

Oui.

CHLOÉ.

Si tout autre que vous me l'avoit dit, je ne l'aurois pas cru.

MYRTIL.

Ah! quand vous saurez.... Mais, vous-même, qu'avez-vous fait des tourterelles?

CHLOÉ, *tristement.*

Je ne les ai plus.

MYRTIL.

Et que sont-elles devenues?

CHLOÉ, *en soupirant.*

Elles expirent à présent.

MYRTIL.

Ô ciel! Et quel est le barbare qui a pu donner la mort à de si tendres oiseaux?

CHLOÉ.

C'est moi-même.

MYRTIL.

Vous, Chloé!

CHLOÉ.

Je les ai donnés à Lisis, pour qu'en les sacrifiant à l'Amour, il obtînt de ce dieu puissant la santé de votre pere.

MYRTIL.

Ah ! je respire, ma Chloé. Vous m'en êtes cent fois plus chere ; et jamais...

CHLOÉ.

Ma houlette n'a pas été offerte à l'Amour.

MYRTIL.

Non, mais le vieux Lamon me l'a demandée pour prix de la guérison de mon pere. Pouvois-je la refuser, Chloé ? J'ai caché mes pleurs, j'ai baisé ma houlette, et je l'ai donnée à Lamon.

CHLOÉ.

Ah ! que vous me soulagez, Myrtil ! Loin de vous en savoir mauvais gré, vous avez, je crois, trouvé le seul moyen d'être chéri davantage.

MYRTIL.

Je n'ai fait que mon devoir, je le ferois encore : mais que ma houlette étoit belle !

CHLOÉ.

J'aurois donné ma vie pour mon bienfaiteur . mais que mes tourterelles étoient charmantes !

MYRTIL.

Nous approuvons tous deux ce que nous avons fait, et cependant notre cœur murmure. Hélas ! il n'est plus temps, Chloé : les tourterelles sont immolées , la houlette est dans les mains de Lamon ; ni vous ni moi ne reverrons plus ni les tourterelles ni la belle houlette.

SCENE VII.

MYRTIL, CHLOÉ; LISIS,
apportant les tourterelles et la houlette.

LISIS.

Vous les reverrez, vous les posséderez encore, enfants vertueux et sensibles. L'Amour vous rend vos victimes, Lamon vous remet son salaire. L'Amour et Lamon viennent de m'expliquer leurs volontés.

MYRTIL.

Ô ciel !

LISIS.

Comme j'allois offrir ces tourterelles, comme je tenois le couteau sacré sur leurs cœurs, une voix douce est sortie de la statue de l'Amour : Va, m'a-t-elle dit, va reporter à la jeune Chloé les tendres oiseaux qu'elle m'avoit offerts. Dis-lui que je ne reçois point son sacrifice, et que j'ai rendu la santé au bon Ménalque. Assure-la, ainsi que Myrtil, que je veille sur leurs destins, que je les unirai bientôt, et que toujours je rends heureux ceux qui, en m'adorant, adorent encore la vertu.

MYRTIL.

Ah, ma Chloé!

CHLOÉ.

Cher Myrtil, quel bonheur pour nous!

LISIS.

A peine le dieu avoit achevé ces paroles, que le vieux Lamon est arrivé: Ménalque est guéri, m'a-t-il dit: ce n'est point mon art, c'est ton dieu qui a fait un si grand prodige. Je ne puis prétendre à aucun salaire; reporte à Myrtil le don qu'il m'avoit fait. En parlant ainsi, il m'a remis cette houlette. Reprenez-la, Myrtil; Chloé, reprenez vos oiseaux: et n'oubliez jamais l'un et l'autre qu'en sacrifiant tout à son devoir, on est sûr d'arriver au bonheur.

FIN.